위험한 동거

위험한 동거

이종전 수필집

수필과비평사

■ 머리말

아름다운 동거를 꿈꾸며

'서 있는 바람'을 보았을 때 삭풍에 시린 가슴앓이를 해야 했다. '철없는 백로'를 만났을 때는 그것이 누구의 탓인가를 고뇌해야 했다. 이번에는 '위험한 동거'를 하고 있는 자신의 모습을 발견하면서 고해성사를 해야 했다. 비록 완전하지 못하지만 공존하는 사물을 관조함으로써 이 글을 엮어보려고 했다. 어쩌면 그것은 자신의 허물을 드러내는 것인지 모른다. 그럼에도 그 허물을 고해할 수밖에 없음은 공존하는 것들에 대한 미안함 때문이기도 하다.

인간은 사물과 동거하며 기쁨과 존재의미를 확인하면서 살도록 창조자로부터 허락을 받았다. 하지만 인간의 일방적이고 이기적인 욕심과 시기심, 때로는 무지로 인해서 그것들을 아프게 하고, 병들게 한다. 그것은 결국 자신에게로 부메랑이 되어 돌아온다. 인간은 공존할 수 있도록 허락을 받았지 이기적 지배권을 허락받지 않았다. 그럼에도 인간은 철저하게 이기적으로 생각하고 행동하려고 한다.

인간은 질서(조화)와 관계 안에서 그것을 누릴 수 있도록 허락을 받았다. 하지만 누군가 이기적으로 지배하려고 하거나 독식하려고 한다면 더 이상 아름다운 것일 수 없다. 오히려 인간은 물론 자신에게도 화가 되고, 아픔이 된다. 인간은 사유와 지배의 주체자이지만 결국 스스로의 행동으로 인해서 가장 어리석음을 선택할 수도 있다.

사물을 아름답게 볼 수 있다면 이웃도 아름답게 대할 수 있을 것이다. 인간은 역사의 주체자로서 공존하는 모든 것을 아름답게 볼 수 있어야 한다. 그러나 이기심은 그것을 용납하지 않는다. 해서 자신을 포함한 이웃과 사물까지도 아픔의 길로 몰아간다.

땅에 사는 동안 동거하고 있는 모든 것들과의 관계가 아름다울 때 인간도 가장 아름다운 모습일 것이다. 아름다움과 행복을 찾고 있는 인간이지만 동거하는 것들과의 관계에서 아름다움을 만들지 못한다면 인간의 모습에서도 아름다움과 행복을 찾을 수 없을 것이다. 그럼에도 불구하고 인간이 아름답다, 행복하다고 한다면 그것은 지극히 이기적이거나 순간적인 느낌에 지나지 않을 것이다.

≪위험한 동거≫는 공존하는 모든 것들과의 관계에서 인간의 모습을 관조하려는 짧은 생각을 엮는 과정에서 세상에 나오게 되었다. ≪서 있는 바람≫, ≪철없는 백로≫에 이어서 세 번째로 세상에 내놓게 되는 ≪위험한 동거≫, 그것은 '아름다운 동거'를 꿈꾸는 여전히 미완성인 자신의 모습을 담으려는 것이었다.

2013. 10.

가을이 깊어가는 날

이 종 전

■ 차례

3부 | 무늬만 수박

4부 | 위험한 동거

5부 | 천년의 미美

6부 | 에덴의 아침

7부 | 그의 얼굴엔 행복이 가득했다

8부 | 부안 가는 길

작품해설 | 한상렬(문학평론가)

1부

그날이 오면

그날이 오면

행성들이 만들어준 장엄한 아름다움에 숨이 멎을 듯 벅차다. 꿈 아닌 꿈이다. 우주공간에서 느낄 수 있는 행성들의 아름다움에 넋을 잃는다. 끝이 보이지 않는 우주공간의 아름다움에 순간 온몸이 굳어진다. 부딪칠 듯 다가오던 행성이 스쳐지나간다. 미지의 블랙홀로 빨려 들어가는 두려움과 신비한 아름다움에 괴성을 지른다.

나는 홀연히 우주인이 되어 우주여행을 하면서 행성들이 가득한 우주의 신비로움과 아름다움에 넋을 잃었다. 황홀하고 신비로운 아름다움에 이끌려 우주선에서 내려 행성들 사이를 걷고 싶었다. 내가 내린 곳은 지구의 한 모퉁이다. 내리는 순간 싱그러운 풀 향기와 함께 촉촉한 밤공기가 여름밤의 낭만에 젖어들게 했다. 태초부터 우주 어딘가 감추어져 있던 에덴이 이곳이었던가. 아담만이 경험했던 에덴일 것이라는 생각이 들 만큼 신비한 지구별의 한 전원田園이다.

지구에 서 있는 자신의 모습을 확인하면서, 그 많은 행성들의 정체가 반딧불이라는 사실에 다시 놀라야 했다. 주변의 나무들과와 공간에서 반짝이는 반딧불이들이 신비로운 우주공간을 만들고 있었다. 잔디에도 별을 따다가 뿌려놓은 듯 헤아릴 수 없이 많은 불빛이 반짝이고 있다. 한 발자국도 움직일 수 없을 만큼 반짝이는 아름다운 별들이 천지에 가득하다. 스치는 행성에 놀라야 했지만 반딧불이들이 만들어 주는 우주 안에 갇힌 채 넋을 잃을 만큼 황홀한 경험은 잊을 수 없다.

반딧불이가 만들어놓은 우주에서 바라보니 내가 살고 있는 집이 우주선이었음을 알게 되었다. 이층 침실 창에서 내다보는 정원은 미지의 우주와 같았다. 실내의 모든 불을 껐다. 창밖으로 보이는 세상은 한 번도 경험하지 못한 우주의 세계였다. 슬그머니 일어나 집 밖을 나왔을 때 행성들은 손에 잡힐 듯 스쳐지나갔다. 홀로 우주를 유영하는 것이 이런 기분일까. 얼마나 황홀한 신비의 우주를 헤엄쳐 다니다가 정신을 차리니 은하계를 옮겨다 놓은 듯한 반딧불이의 세상이다.*

어렸을 때 고향에서 경험했던 여름날 밤이 생각난다. 마당에 멍석을 깔고 매캐한 모깃불 냄새를 맡으며 누웠노라면 쏟아질 듯 초롱초롱한 별들이 밤하늘에 가득했다. 어른들의 왁자지껄 떠드는 이야기엔 아랑곳하지 않고, 어느새 우주인이 되어서 우주여행을 하곤 했다. 가끔씩 떨어지는 별똥별의 장관에 나도 모르게 탄성을 질렀다. 꿈 많던 어린 시절 고향집 마당에 누워 미래를 향해 우주를 날았던 기억이다. 내 청년시절엔 강원도, 경상도, 전라도의 깊은 산중에서 종종 그러한 우주여행을 하곤 했다. 며칠씩 산속에서 밤하늘을 여행하는 기쁨은 여름날 산행에서만 경험할 수 있는 것이었다. 깊은 여름날 밤 풀벌레 소리들과 함께했던 우주여행은 두려움과 함께 스릴이 넘치는 것이었다. 여름이면 낮아진 은하수가 쏟아질 듯 가슴에 내려앉아 나의 꿈을 우주로 옮겨주었다.

어린 시절 시골 어디서도 반딧불이를 볼 수 있었다. 너무나 흔했기에 당연히 있어야 하는 것이려니 했다. 하지만 이젠 반딧불이를 보지 못한 사람들이 더 많은 것 같다. 언제가 대학원 학생들과 방학을 이용해서 한적한 산막山幕을 찾았던 적이 있다. 며칠간 함께 책을 읽고 토론을 하면서 지냈다. 밤이 늦은 시간에 산행을 하면서 사유의 담론을 함께하는 시간을 가졌다. 칠흑 같은 여름밤, 적막함이 숨소리조차 거칠게 들릴 만큼 고요한 산중이었다. 갑자기 멀리 숲속에 움직이는 불빛이 보였다. 유난히도 큰 불빛이 우리를 의식이나 한 듯 일행을 주시하면서 숲 사이를 오가고 있었다. 순간 나는 "도깨비불이다!!" 하고 소리쳤다. 학생들은 영문도 모른 채 모두가 놀랐다. 그리곤 내가 가리키는 곳으로 눈길을 일제히 돌렸다.

그 순간 학생들은 숨소리조차 멈춘 듯했다. 대부분의 학생들이 반딧불이를 보지 못했기에 정체 모를 불빛에 정말 놀라고 있었다. 겨우 서너 마리의 반딧불이가 가끔씩 빛을 발하면서 날고 있었다. 학생들은 정말로 상상의 도깨비불을 확인하고 있는 듯했다. 발걸음을 멈추고 숨소리마저 죽인 채 불빛을 응시하고 있었다.

그 시간이 얼마나 흘렀을까. 나는 조용히 "저것이 반딧불이다!"라고 했다. 그때서야 학생들은 "아~!" 하며 일제히 탄성과 안도의 한

숨을 쉬었다. 그리고 처음 본 반딧불이에 대한 소감을 나누었던 기억이다.

하기야 반딧불이를 한 번도 보지 못하고 성장한 사람들이 어두운 산속에서 처음으로 반딧불이의 비행을 보았으니 그럴 수 있으리라. 그러나 그때의 아쉬운 마음은 지금까지 남겨져 있다. 흔하디흔했던 반딧불이를 보지도 못하고 성장했다는 것을 가까운 사람들을 통해서 알 수 있었기 때문이다.

내 어린 시절 꿈을 가지게 했던 신비한 불빛을 이젠 찾아보기도 어려운 것이 현실이니 안타까운 일이 아닌가. "형설螢雪의 공功"이란 말이 낯설기만 한 것도 이유가 있는 것 같다. 굳이 반딧불이의 불빛이 필요 없고, 눈에 반사되는 달빛에 긴긴 겨울밤 책을 읽어야 하는 환경도 아니기에 더 이상 반딧불이를 아쉬워할 일이 없어진 것일까.

머지않아 반딧불이는 학습도감에서나 확인할 수 있게 되지 않을까. 그리고 상상으로만 그 존재를 그리게 되지 않을까 하는 걱정이 기우杞憂라고만 할 수 있을지. 비록, 경제적으로는 풍요로워졌지만 정말로 귀한 것을 잃고 있는 것은 아닌지. 너무나 자연스러운 것이었기에 그 가치를 귀하게 생각하지 않는지 모른다. 아니, 이제는 필요가 없다고 생각하기 때문인지 모른다. 인간들이 만든 불빛, 그것은 분명 반딧불이의 것과 비교할 수 없을 만큼 밝다. 그래서 사람들에게는 관심 밖의 존재일 수도 있다.

한국에 돌아온 이후 그런 우주여행을 할 수 있는 기회는 다시 주어지지 않았다. 아니, 우주여행은 그만두고 어쩌다 떨어지는 별똥별조차 만날 수 없으니 그만 우주여행에 대한 꿈은 접어야 하려는가 보다. 하지만, 언젠가 이 땅에서도 그렇게 우주여행을 할 수 있는 날이 오기를 꿈꾸어 본다. 먼 훗날에라도 우주여행을 할 수 있는 내 고향이었음 좋겠다는 바람은 정녕 어리석은 것일까.

그날이 오면, 그날이 오면 우주여행을 꿈꾸는 한 소년으로 고향 마당에 눕고 싶다.

* 미국 오하이오ohio주의 ashland county에 자리하고 있는 ashland university의 student house에 살았던 시절 반딧불이가 만든 황홀한 우주를 처음으로 경험했던 이야기다.

쇠코뚜레

"음메—! 음메—! 음메!"

몸부림치는 송아지의 괴성이 고요한 아침의 적막을 깬다. 버둥거리는 송아지의 주둥이를 부여잡고 무지막지하게 나무꼬챙이로 코를 뚫는다. 그 괴성이 온 마을의 아침을 깨운다. 가쁘게 몰아쉬는 숨은 거칠게 증기를 내뿜는다. 송아지의 몸부림은 소나무를 통째로 흔든다.

이제는 어디서도 쉽게 볼 수 없는 정경이다. 일소로 쓰기 위해서는 송아지를 1년쯤 길러서 코를 뚫어 길들이는 과정이 필요하다. 하지만 쇠코를 뚫는 일이 어디 그리 쉬운 일인가. 변변한 기둥조차 없었던 과거에는 산기슭에 든든하게 뿌리를 박고 있는 소나무를 기둥으로 이용했다. 적당한 간격으로 자란 소나무를 찾아 소의 다리와 몸통을 단단히 묶고 날카롭게 깎아 만든 나무 꼬챙이로 소의 코를 뚫는다.

그 순간만큼은 농부의 선함과 여유로움은 어디서도 찾아볼 수 없다. 인정사정없이 코뚜레를 끼워 넣는다. 선지가 뚝뚝 떨어지지만 아랑곳하지 않는다. 적당한 굵기의 노간주나무를 잘라서 아궁이의 군불에다 구워가면서 코뚜레의 모양새를 예쁘게 만들어 놓았던 것을 끼워 넣어 소의 뿔에 헐렁하게 묶어 놓는다.

그리고 뚫은 곳의 상처가 아물기까지 며칠을 기다린다. 그 며칠이 소에게는 엄청난 아픔이고 성가심의 날들이다. 잠시도 주체하지 못하고 괴로워한다. 연방 긴 혀를 내밀어 콧구멍을 핥는다. 긴 아픔의 시간이 지나 상처가 아물면 고삐를 코뚜레에 묶어 뿔과 뿔 사이로 넘긴다. 이렇게 성년식을 치른 후 비로소 어른 소가 되는 것이다.

그때부터는 주인의 말을 듣지 않으면 여지없이 코뚜레에 연결된 고삐를 당겨서 소의 의지를 다스린다. 자라면서 누구의 제재도 받지 않았던 송아지가 어른 소가 되면서 치러야 하는 인고의 과정인 것이다.

초등학교 시절, 할아버지는 송아지를 길러서 코를 뚫은 다음 일소로 길들이는 일을 하셨다. 나는 그때 도우미로서 소와 한나절씩 함께 보내야 했다. 커다란 나무썰매를 만들어 그 위에 무거운 돌멩이를 올려놓아주시면, 나는 고삐를 붙잡고 한나절씩 썰매를 끌고 다녔다. 처음으로 멍에를 멘 소는 어찌할 바를 모른다. 답답해서 몸부림을 친다. 그도 그럴 것이 자신의 몸을 무엇엔가 구속시켜야 하는 것이 용납되지 않았을 것이다.

평생을 메어야 하는 멍에를 받아들이기 힘들었을 게다. 하지만 어쩌겠는가. 비록 고사리 같은 손에 붙들렸지만 고삐에 묶인 코뚜레가 아무리 발버둥을 쳐도 소용이 없게 하는 것을. 길길이 날뛰던 녀석이 며칠 동안 반복되는 훈련의 과정을 통해서 온순해진다. 주인의 말에 따라서 속도의 강약도 조절할 줄 알게 된다.

그렇게 말귀를 알아듣게 되면 달구지를 메워서 끌게 하는 것이 다음 단계다. 달구지를 주인의 원하는 대로 끌 수 있는 상황이 되면 마지막으로 쟁기질을 배워야 한다. 하나 쟁기는 내가 감당할 수 없는 것이었다. 쟁기를 메워서 밭과 논을 갈 수 있도록 하는 것은 할아버지의 몫이었다. 쟁기는 할아버지가 잡고 나는 고삐를 잡고 소를 몰아가며 쟁기질을 가르치는 도우미로서 일을 했다.

아무리 덩치가 커도 고삐에 묶인 코뚜레 때문에 순한 양처럼 주인의 말을 들어야 하는 소. 때론 거세게 저항을 하기도 하지만 붙들린 고삐를 놓지 않는 한 소는 내 말을 들어야 했다. 그 모습을 보면서 안쓰러운 마음이 들었다. 동물로 태어나 마음껏 초장을 뛰놀아야 할 것인데, 인간의 손에 붙들려서 고통을 당해야 하는 녀석에게 연민의 정마저 들었다. 하나 그것이 녀석의 본분이기에 좋은 주인 만나서 일은 하더라도 대우라도 제대로 받을 수 있으면 좋겠다는 생각을 했던 기억이다.

아마 어린 마음에 일을 가르치면서도 녀석이 안쓰러웠던 모양이다. 하기야 코를 뚫는 것을 보았고, 할아버지의 조수 역할을 하면서 녀석이 고통스러워하는 것을 경험하면서 미안함이 많았던 것은 분명하다.

그러나 이제 농가에서조차 코뚜레는 볼 수 없다. 소를 기르는 목적이 달라졌기 때문이리라. 과거에는 일소로 길렀다면, 이제는 단지 식육을 생산하기 위해서 한우를 기른다.

어느 농촌을 지나다 혹 아직도 일소의 역할을 하고 있는 소를 만나면 그냥 지나치지 못하는 것은 내게 남겨진 일소에 대한 연민 때문일지 모른다. 지나던 발걸음을 멈춘 채 녀석의 표정을 유심히 살펴본다. 분명 내 어렸을 때 길들이던 그 녀석이 아니련만, 그 표정이 그렇게 똑같다고 느껴지는 것은 왜일까. 아무리 살펴보아도 선하기만 한 녀석의 표정. 아무리 힘이 들어도 그 표정엔 여유가 있고, 인자함마저 느껴지는 푸근함이 그대로니 말이다.

착각이라면 굳이 부정하고 싶지 않다. 하지만 우리네 소는 그렇게 인간과 함께, 인간을 위해서 살았다. 아무리 힘든 일을 시켜도 성난 표정조차 지을 줄 모르는 것이 우리네 소다.

인간은 오직 코뚜레 하나로 녀석을 지배했고, 소는 생을 마감하기까지 그 코뚜레를 벗을 수 없다. 짐승으로 태어나 자신의 생애를 마칠 때까지 결코 벗지 못한다. 그것을 벗을 수 있는 날은 녀석의 최후의 날이다.

코뚜레가 없었다면 인간은 녀석과 함께할 수 없었을 것이니 아이러니가 아닐 수 없다. 짐승으로 태어나 인간과 더불어 살아야 했던 녀석, 코뚜레로 인하여 인간의 동반자가 될 수 있었던 것은 단지 인간의 자기중심적 생각 때문이라고 해도 달리 할 말이 없다. 이런 표현마저 철저하게 인간중심적 자기변명이기에 녀석에겐 미안한 마음뿐이다.

이제 소에게 있어 더 이상 코뚜레가 필요하지 않은 세상이 되었다. 인간도 소의 코를 뚫는 일은 하지 않아도 된다. 그럼에도 여전히 소는 인간을 위해 존재한다. 그것이 녀석의 존재 목적이라면 최소한 인간은 그들에 대한 배려를 해야만 하지 않을까.

태산에서 만난 동고비

심장이 멎을 것 같다. 더 이상 걷는 것은 문제라는 판단에 발걸음을 멈춰야만 했다. 바쁘다는 핑계로 운동을 하지 않은 탓이리라. 하늘을 찌르고 있는 전나무에 몸을 맡긴 채 잠시 숨을 고른다. 숨을 헐떡이며 기댄 채로 하늘을 우러른다. 짙은 회색의 깊은 하늘로부터 검은 눈이 내린다.

가까이 내려온 눈은 하얀 꽃으로 변한다. 필경 나를 환영하는 것이리라. 참으로 오랜만에 찾았기에 반갑다는 환영행사를 하는 것이리라. 지친 모습이 쑥스러운 마음이다. 겨우 몸을 가누고 소리 없이 내리는 눈을 응시한다.

바람 한 점 없이 눈이 내리는 태산의 적막함은 두려움마저 느끼게 한다. 고요함이 압도하는 가운데 헐떡이는 숨소리가 지축을 흔드는 것 같이 느껴지는 순간 어디선가 '푸드득!' 하는 소리가 내 눈길을 끌었다. 그곳에는 한 마리의 귀여운 새가 나를 응시하고 있었다. 녀석의 모습엔 애절함이 가득했다. 경계의 눈치를 보이면서도 가까이하고 싶은 속내를 숨기지 않는다.

내게 무엇인가 말을 건네고 있는 것이 분명하다. 하지만 녀석의 말을 알아듣지 못하니 어찌하랴. 녀석의 말을 해독할 수 있는 준비를 했어야 할 것이나 그렇지 못하니 답답하기는 나도 마찬가지다. 녀석의 애절함은 못내 내 발걸음과 마음까지 그곳에 멈추게 하고야 말았다.

애절하게 응시하고 있는 녀석의 눈망울은 내 눈과 마음을 사로잡아 그곳에 머물게 했다. 들릴 듯 말듯 부르는 소리는 주의를 끄는 것으로 만족하는 것일까. 조심스러워 드러내지 못하고 있는……, 그러나 다가오고 싶은 표정을 감출 수 없는 녀석의 모습은 나의 산행을 더 이상 용납하지 않았다.

동고비였다. 비록 알아들을 수 없지만 녀석과의 대화는 한참 동안 계속되었다. 그러나 내 독해력은 녀석의 마음을 충족시키지 못했다. 녀석의 말을 알아들어야 하련만, 나는 동문서답만 하고 있으니 말이다. 아무리 이야기를 해도 녀석은 한 발짝 다가왔다가는 다시 한 발싹 뒤로 물러가기를 얼마 동안이나 반복하고 있다.

내 손바닥에 순간 날아와 앉았는가 싶더니 이내 나뭇가지로 다시 옮겨 앉는다. 손바닥에 놓여있던 귤껍질 조각을 입에 문 채 다시 갸웃거린다. 다가와 가진 재롱을 떨며 필요한 것을 채웠으면 하지만 두려움이 앞서는가. 더 이상 다가오지는 못한 채 닿을 듯 가까운 곳에 머물며 나로 하여금 그곳에 머물게 한다.

그렇게 시간이 지나면서 녀석이 원하는 것이 무엇인지 겨우 알아

차릴 수 있었다. 며칠 동안 내린 눈은 온 산을 덮었고, 녀석이 먹이를 구하는 것이 불가능하게 되었다. 잡풀이 있어야 그 씨앗을 찾아 먹으련만 무릎까지 쌓인 눈은 작은 날짐승들이 먹이를 구하는 것이 불가능하게 된 것이다.

몸집이 크고 먹이를 구할 수 있는 녀석들이야 여기저기 기웃거리겠지만, 그중 작은 동고비 녀석은 굶주림에 지쳐 있다가 갈급한 마음에 위험을 무릅쓰고 지나는 등산객 앞에 나타나 먹이를 구걸하고 있었던 것이다.

내리는 눈은 그칠 기미가 보이지 않는다. 이미 쌓인 눈만도 이 겨울이 지나야 녹을 듯한데 녀석들은 어디서 먹이를 얻을 수 있을는지. 녀석의 뜻을 겨우 알아채기는 했는데 문제는 내가 해줄 수 있는 것이 없으니 어찌하겠는가. 당일치기 산행인지라 배낭에는 먹을 것을 아무것도 챙기지 않았으니 말이다.

이유야 어떻든 녀석에게 나눌 것이 없으니 아프다. 신세만 지고 사는 것이 인생이런가. 언제나 필요를 함께할 수 있는 준비가 있어야 할 것이나, 이처럼 빈손이니 허기져 찾아온 녀석을 모른 척해야 하는 자신의 모습이니 말이다.

잠시 살아온 날들을 돌아본다. 지금까지 얼마나 많은 도움을 받으며 살아왔던가. 어머니의 태로부터 시작해서 세상에 나와서 성장하는 과정에서, 그리고 지금의 자신이 되기까지 스스로 할 수 있었던 것은 거의 없었지 않은가.

기대 어린 눈동자, 간절한 표정, 그러면서도 두려움 때문에 다가오지 못한 채 주뼛거리기만 하는 녀석. 허기를 채워야 하는 녀석의 모습을 보면서 준비되지 못한 자신이 못내 미안한 마음이다. 도움을 받으면서도 그마저 자신의 능력이라고 생각하는 어리석은 모습인 것을. 동고비가 내게 실망한 표정에 마음이 저려온다. 아니 뭐라고 변명할 여지도 없이 녀석 앞에 말없이 서 있을 수밖에 없는 자신을 본다.

지금까지 도움을 받아 오늘의 나일 수 있었건만, 정작 내게 도움을 청하는 미물에게조차 나눌 수 있는 아무런 준비를 하지 못한 것이 자신이 아니던가. 여전히 앞가림도 못하고 있는 것이 지금 산을 오르고 있는 자신이니 태산에 깃들어 살고 있는 동고비가 나를 깨우치고 있는 것 아닐까.

아직 오를 길이 멀다. 한데 이리도 헐떡이고 있으니 어찌하랴. 인생이 버거운 것일까. 아니, 자신의 갈 길만 생각하고 있으니 동고비마저 깨달으라 하는 것일까. 미물 하나 돌아볼 수 있는 여유를 가지지 못하고 헐떡이고 있는 자신의 모습인 것을.

녀석은 여전히 내 주변을 맴돌며 무엇이든 먹을거리를 좀 내놓으란다. 그러나 손에 든 것은 물론 배낭에도 아무것도 없으니 어찌하랴. 그렇다고 소유한 것이 없기에 면죄부를 받았다고 할 수 없지 않은가.

작은 것 하나 나눌 수 없는 자신을 생각하면서 잠시 하늘을 우러른다. 내리는 눈은 그러한 염려마저 잠시 내려놓으라 하는 것일까. 소리 없이 내리는 눈은 내시를 덮는다. 쉬지 않고 내리는 눈은 온갖 사물의 잘난 모습, 못난 모습을 다 덮는다. 하얀 세상이다.

태산 앞에 선 자신의 모습은 작기만 하다. 세월이 지날수록 더 작게만 느끼지는 것은 왜일까. 동고비 한 마리 거둘 수 없는 것이 자신이거늘 태산을 오른다고 거들먹거림이랴. 전나무에 기댄 채 하늘을 우러른 자신의 모습은 한없이 작기만 한 것을.

금강의 가을은 황홀하다

차가운 보름달이 금강에 내린다. 작은 물결이 달빛을 내게 실어다 준다. 물결에 실려 오는 이른 달빛이 어른거린다. 날 채비를 하고 있는 겨울 나그네들이 달빛에 초조하다. 굳이 시인이 아니라도 절로 한 수의 시를 읊조리고 싶은 마음에 가을 나그네 되어 그들 곁에 찾아든다.

내리는 달빛에 젖어들고 싶을 뿐, 행여 이 느낌을 잃을까 하여 시상詩想에 젖고 싶은 마음마저 내려놓는다. 그저 겨울 나그네들과 함께 밤을 기다리는 가을의 길손이고 싶다. 가을 나그네들이 모여 저녁만찬을 준비하고 있는 것일까. 수면에 내리는 달빛에 준비운동을 하고 있는 녀석들은 오케스트라의 단원들이 공연에 앞서 튜닝을 하고 있는 듯하다.

얼마 전 이곳에 탐조대探鳥臺가 만들어졌다. 녀석들의 군무가 하

아름답기에 입소문이 난 게다. 해 질 녘 꽤나 많은 사람들이 저녁노을을 배경으로 하는 그들의 공연을 기다리고 있다. 하지만 녀석들은 유유자적하고 있을 뿐, 찾아온 이들을 전혀 개의치 않는다. 그들만의 의식을 치르고 있는 것일까, 관중들의 기다림에는 아랑곳하지 않는다.

달빛 조명이 조금씩 밝아진다. 밝아지는 만큼 내리는 달빛은 황홀한 금강의 아름다움을 만들어준다. 가을이 깊다. 바람이 차다. 두꺼운 겨울 파카를 입고 모자까지 눌러 썼건만 매섭기 그지없다. 해 질 녘 녀석들의 군무群舞를 기대하면서 해넘이를 기다린다. 이미 금강의 수면에는 오리들이 가득하다. 저녁 무대를 올리기 위한 마지막 점검을 하고 있는 것이리라.

수천 리 먼 길을 날아와 이곳에서 겨울을 나기로 작정한 녀석들이 모두 모였는가. 어스름 노을이 짙어지기 시작하니 금강엔 작은 소용돌이가 느껴진다. 무슨 일이 일어날 것 같은, 숨이 멎을 듯한 순간, 잠시 강변에 선 채로 서쪽 하늘을 응시한다.

좀 더 가까이서 보고픈 마음에 다가가노라면, 녀석들은 모르는 척 슬그머니 멀어진다. 좀처럼 곁을 주지 않는다. 누군가 신호를 보내고, 지휘를 하는 것처럼, 몇 번이고 반복해서 같은 시도를 하지만, 녀석들은 다가가는 만큼 멀어진다.

그렇게 밀고 당기는 과정에서도 녀석들은 유유자적하다. 오히려 그들에게 다가가려는 나의 모습이 철없어 보일 뿐. 금강에 내리는 달빛과 수면을 유유자적하는 오리들이 만들어주는 정경은 하늘 아래 이렇게 아름다운 무대가 또 있을까 할 만큼 멋지다.

그 순간이다. 이제껏 준비하고 있던 가창오리들이 일제히 날아오른다. 그 장엄한 광경을 무엇으로 표현할 수 있을까. 지축을 흔드는 듯, 공기를 가르는 소리와 함께 수십만 마리의 오리가 비상을 한다. 녀석들의 군무가 시작된 것이다. 지휘자도 없고 각본도 없이 녀석들이 역동적으로 시작한 춤은 모든 이들을 압도한다. 이보다 더 역동적이고 장엄한 무대는 없으리라. 가슴이 벅차게 느껴지는 감동의 소리와 짙은 노을과 어스름 달빛을 배경으로 전개되는 군무는 지구 어디에서도 볼 수 없는 이곳 금강만의 아름다움이리라.

숨이 멎을 듯 벅찬 느낌 때문일까. 나는 금강의 제방에 그대로 얼어붙었다. 녀석들의 군무는 예측할 수 없다. 연출자도, 감독도 없다. 그러나 저녁노을과 내리는 달빛 사이의 군무는 넋을 빼앗는다. 내리는 달빛과 함께 녀석들의 무도회는 지나던 사람들의 발걸음마저 멈추게 한다. 누가 이런 무대를 올릴 수 있는가? 누가 이렇게 아름다운 자연의 무대를 만들 수 있을까? 미국 엘에이(LA)의 야경이? 아니면 일본 고베(神戶)의 야경을 천만 불짜리라고 한다 한들 여기 금강의 가을과는 비교할 수 없으리라.

가을날 금강은 전 세계의 가창오리들이 함께 모여 만들어주는 무대가 있다. 그 무대에 초청받는 것이 쉽지 않지만 부지런한 발품과 기다림의 인내를 투자하면 그 역동적이고 스펙터클한 무대를 온몸으로 감상할 수 있다. 아무리 무딘 사람이라고 할지라도 그 무대 앞에서는 감동할 수밖에 없다. 자신도 모르게 탄성을 지르게 될 것이다.

인간이 인위적으로 만든 무대가 아니다. 금강하구에 형성된 넓은 갈대밭과 둑으로 인해서 막힌 물길 때문에 가창오리들이 모여 겨울을 나는 곳으로 삼아 만든 무대다. 녀석들은 물과 갈대숲에서 쉬다가 저녁나절 이웃에 있는 들녘으로 먹이를 찾아가는 길에 단체로 군무를 춘다. 정해진 것은 아니지만 저녁나절 해가 지면서 노을이 짙어질 무렵이면 어김없이 수면을 박차고 하늘을 향해 솟아오른다. 그리곤 거대한 하늘을 무대 삼아 군무를 춘다. 역동적인 군무와 함께 날갯짓으로 인해 만들어지는 장엄한 소리는 세상에 어떤 오케스트라가 만들어낼 수 있을까.

루체른에서 열리는 여름날의 음악회를 찾아 세계의 사람들이 모여든다면 여기 금강엔 늦은 가을날 밤에 열리는 음악과 춤의 무대가 있다. 루체른은 사람이 만들어내는 음악을 듣기 위해서 찾는다면 여긴 가창오리들이 만들어주는 무대인 것이 다르다.

나는 금년에도 늦은 가을 금강의 가을무대를 찾아갈 것이다. 거기엔 황홀한 가을이 있기 때문이다.

그 소리가 듣고 싶다

땅거미가 내리는 그즈음 어디선가 심장을 뛰게 하는 소리가 들려왔다. 비록 음정은 정확하지 않지만 들려오는 정겨운 소리는 싱그러운 봄의 향기와 함께 나를 이끌었다. 나도 모르게 들려오는 소리를 향해 발걸음을 옮겼다. 소리의 근원지는 보리밭 끝자락에 있는 작은 웅덩이였다. 발걸음을 멈추고 잠시 밭두렁에 엉덩이를 붙였다. 그리고 유년의 어느 날 저녁 개구리들이 목을 놓아 울던 소리를 들었던 그때로 돌아가야만 했다.

언제부턴가 개구리 울음소리를 듣는 것이 어렵다. 시골을 찾아가도 녀석들의 소리를 듣는 것이 쉽지 않다. 그저 그냥 거기에 있는 녀석들인 줄만 알았는데, 개발이라는 명분으로 파헤치고, 깎아내고, 밀어붙이니 갈 곳을 잃었다. 이젠 그들의 소리를 듣는 것이 쉽지 않다.

하기야 개구리, 맹꽁이가 천연기념물로 지정되었다는 사실에 할 말이 없다. 어디 개구리가 천연기념물로 지정될 것이라고 꿈엔들 생각이나 했던가. 흔하디흔한 것이 개구리였기에 녀석들은 당연히 거기에 있는 것이라고 생각하지 않았던가. 봄날에 개구리가 우는 것은 너무나 당연한 것이었는데…….

한데 그들이 사라졌다. 녀석들의 평화로운 울음소리를 들을 수 없다. 누가 녀석들을 쫓았는가. 누가 그들을 죽였는가. 얼마나 무심했고, 얼마나 가치 없는 것으로 여겼으면 녀석들이 사라졌음에도 그 사실조차 모른 채 지나고 있는가. 오늘 새삼 내 가슴을 울린 녀석들의 울음소리는 무심했던 자신을 깨웠다. 자신의 이익을 위해서 잊지 말아야 할 것까지 모두 잊은 채 스스로 무뎌지기를 원했는지도 모른다.

누구를 위한 개발이기에 그들이 서식하는 곳을 빼앗았는가. 개구리, 맹꽁이가 울지 않는다고 사람이 당장 죽을 일 아니고, 직접 손해 보는 일도 없다. 하지만 녀석들이 살지 않는 곳, 아니 살지 못하는 곳이라면 인간도 살 수 없다는 사실은 아무리 부정하고 싶어도 부정될 수 없지 않은가. 돈이 되는 것은 아니지만, 그들이 전해주는 봄날의 소식은 돈을 주고도 살 수 없다. 눈앞에 보이는 이익만 좇다가 결국 모든 것을 잃게 될 것이 빤하건만 개구리 소리가 들리지 않는다고 둘러보는 사람이 없다.

개발의 명분도 좋고 편리한 환경도 좋다. 그러나 그들이 살지 못하는 곳엔 인간도 살 수 없음이 분명하건만 어찌 돈이 되는 건물만 짓겠다고 하는 것인지. 진정 사람을 위해서 개발을 한다면 녀석들도 살 수 있는 공간을 남기는 것이 지혜로운 것이 아닐까. 모두 돈에만 눈이 어두웠는가. 그저 돈타령만 하는 것이.

개구리 몇 마리가 그렇게 중요하지 않다고 한다면 그럴 수 있으리라. 하지만 그 몇 마리가 만들어주는 평화로운 정경, 쉼, 환경, 그리고 봄날에만 들을 수 있는 녀석들의 합창까지, 정말로 귀한 것이 아닐 수 없다. 그것은 결코 돈으로 살 수 없고 인력으로 만들 수 없다. 때문에 그 가치를 돈으로는 계산할 수 없는 것임이랴. 조금만 배려하면 그들이 살 수 있는 공간과 환경을 지켜 줄 수 있을 것인데, 그 조금의 배려마저도 할 수 없다는 것이 우리네 자화상인 것을 어찌하랴.

조금만 배려해도 공존할 수 있고, 그들이 만들어주는 정서적 환경은 무엇과도 바꿀 수 없으련만 돈에 눈이 먼 인간은 돈 타령만 한다. 얼마나 벌어야 만족할는지. 얼마나 소유해야 그만 할는지. 손바닥만 한 습지조차 용납하지 않으려는 인간의 모습이 밉기만 하다.

개발이 필요하다면 모두가 공존할 수 있도록 해야 할 것이다. 어느 집단만 살 수 있게 하는 것은 진정한 개발이 아니다. 또 다른 집단에게는 죽음과 고통을 강요하는 것이기 때문이다. 비록 미물의 짐승이라도 그들이 공존할 수 있을 때 사람도 살 수 있는 것이 분명하지 않은가.

아침이슬 잔뜩 머금고 보리가 패는 그 즈음, 개구리들이 초저녁을 마음껏 노래했었다. 보리가 익을 무렵이 되면 밤을 지새울 듯 울던 녀석들의 소리가 잦아들었다. 보리를 베고 나면 장마가 시작된다. 그때 다시 들려오는 소리는 청개구리와 맹꽁이 울음소리였다.

녀석들이 마음껏 노래하는 소리를 듣고 싶다. 올봄 유난히도 그들의 소리가 듣고 싶어지는 것은 왜일까.

저어새 길을 잃다

텔레비전을 보면서 자신에 대한 분노라고 할지, 인간에 대한 실망이라고 할지, 표현하기도 진정하기도 어려움을 느꼈다. 노랑부리저어새 70여 마리가 둥지를 튼 곳을 소개하는 프로그램 때문이었다. 선 세계에 겨우 2전여 마리밖에 남지 않은 멸송 위기종인 녀석들이 대부분 우리나라에서 서식한단다.

노랑부리저어새는 봄날이면 강화도 주변의 무인도에 찾아와서 알을 낳고 새끼를 기른 다음 여름을 나고 겨울이 오기 전 먼 하늘을 날아 남녘의 대만 등지에서 보내고, 다시 봄바람과 함께 돌아오는 여름철새다. 그런데 강화 주변의 서식환경이 나빠지면서 그들이 갈 곳을 잃은 것이다. 더 이상 안심하고 알을 낳고 새끼를 기르기에 부적절한 상황이 되었기에 녀석들은 인천 주변의 새로운 터전을 찾아 나섰단다.

그런데 모두 인간들이 점령한 터라 궁여지책으로 찾아든 곳이 하필이면 내가 살고 있는 인천의 남동공단 유수지 안에 있는 작은 인공 섬이었다. 지저분하고 냄새나는 유수지 안에 조경을 위해서 겨우 모양새만 만들어 놓은 작은 섬이다. 사람들은 유수지에 가까이 하기를 꺼려한다. 오수와 빗물이 섞여 냄새까지 심하게 나기 때문이다.

그럼에도 녀석들이 그곳에 자리를 잡은 까닭이 무엇일까? 역설적이게도 사람들이 찾지 않는 곳, 아니 찾을 수 없는 곳이기 때문이란다. 녀석들은 사람들이 접근하는 것을 극도로 꺼려하기 때문에 서해의 섬들을 모두 버려야 했다. 그래도 바다에 있는 섬들이 이곳보다는 나을 것이라는 생각이지만 녀석들은 사람들이 접근하지 않는 이곳을 택한 것이다.

결국 인간의 이기심이 저들을 이곳 유수지 한가운데 있는 인공섬으로 내몬 것이다. 자연과 인간은 공존관계이건만 이기적인 인간은 함께해야 할 것들에 대해서 배려할 수 있는 여유가 없었던 게다. 다른 사람의 집에 주인의 허락도 없이 들어가는 것은 실례일 뿐 아니라 잘못된 일이다. 그렇다면 공존관계에 있는 그들에 대한 최소한의 도리는 무엇일까. 안하무인인 인간은 자신만 좋다면 그곳이 어디든 차지하면 된다는 것인가.

언젠가부터 인간들이 그들의 서식지를 탐내더니 기어코 빼앗고야 말았던 게다. 비록 말을 할 수 없는 날짐승이지만 인간들의 괴롭힘을 당하던 녀석들은 더 이상 강화도 주변의 무인도에서 살 수 없다는 판단과 함께 그곳을 포기할 수밖에 없었던 것이리라. 그리고 그들만의 공간이 필요하기에 인간들이 접근할 수 없는 유수지를 터전으로 삼은 것이다.

한데, 올해가 처음이 아니란다. 몇 년째 유수지의 작은 섬에서 둥지를 틀고 새끼를 길러냈단다. 하지만 주변은 그들이 머물면서 새끼를 길러내기에는 절망적인 상황으로 바뀌고 있다. 송도갯벌은 매립을 계속하고 있고, 이미 매립한 곳에는 새로운 빌딩을 짓고 있다. 유수지마저도 주변의 공사현장을 오가는 대형트럭들이 밤낮을 쉬지 않고 소음과 불빛으로 괴롭히고 있다. 그야말로 유수지의 인공 섬은 고립된 섬, 아니 도심에 갇힌 저어새들의 유배지가 되어버렸다.

그럼에도 녀석들은 더 이상 물러설 수 없다고 최후의 보루로 여기는 것 같다. 인공 섬에 심겨진 작은 나무 서너 그루가 그들이 쉴 수 있는 전부인데 그마저 죽은 지 오래다. 게다가 70여 마리가 앉아서 쉬기에는 턱없이 부족한 공간이다. 둥지를 만들 수 있는 공간도 부족해서 경쟁이 치열하다. 경쟁에서 밀린 녀석들은 유수지 수면에 가까운 곳까지 밀려나 겨우 둥지를 만들었다. 위태하기 짝이 없는 광경이 화면에 비치는 순간 인간의 이기심에 다시 한 번 부끄러워진다.

작년에도 왔었다면 그들이 남쪽나라로 갔을 때 섬이라도 좀 크게 만들어줄 수 있는 여유가 없었단 말인가. 둥지를 만들 수 있는 나뭇가지라도 갖다 놓아 줄 수 없는 것일까. 옆 둥지에서 나뭇가지를 빼앗으려는 녀석과 그것을 지키려는 녀석의 처절한 싸움은 인간의 자존심마저 무너뜨리는 느낌이다.

남동 유수지는 노랑부리저어새들의 최후의 보루다. 녀석들이 더 이상 물러설 곳이 없다는 것을 보여주는 현장이다. 인간들의 눈이 어두워져서 그들의 서식지까지 넘본 결과 그들은 서식지를 빼앗기고 말았다. 하여, 최후로 선택한 유수지의 인공 섬이기에 그들은 이제 더 이상 물러설 곳이 없다.

어쩌면 그들은 인간에게 아무것도 바라지 않는지 모른다. 아니, 이미 포기했을지도 모른다. 인간을 원망하는 것조차 체념했을지 모른다. 자신들을 있는 그대로 놔두고 지켜만 보라고 하면서…….

녀석들이 좁은 공간에서 각자의 둥지를 지키기 위해서 혈투를 벌이고 있다. 넓은 공간에서 자유로이 날면서 번식하고 먹이사냥을 하던 녀석들이건만 유수지의 작은 공간에서 경쟁하고 있는 모습은 더 이상 물러설 수 없는 처절한 몰골이다.

새끼들을 길러내기 위해서는 많은 먹이가 필요하다. 그러나 유수지에는 어떤 물고기도 살지 못한다. 송도매립지를 지나 시화호나 갯벌 어딘가에까지 날아가야 먹이를 구할 수 있다. 하니 이제부터 녀석들의 새끼를 길러내는 여정도 결코 만만치 않을 것이다. 인간의 이기심 때문에 터전을 잃은 녀석들, 그래도 살아남겠다고 선택한 유수지에서의 생존경쟁은 처절함 그 자체다.

잔상으로 남겨진 녀석들의 몸부림은 다시 한 번 인간의 이기적인 모습을 부끄럽게 한다.

2부

꺼벙이의 넋두리

꺼벙이의 넋두리

고등학교 동창생 중에 꺼벙이라는 별명의 친구가 있다. 땅땅한 체구에 근육질의 몸을 가지고 있는 녀석이다. 햇볕에 그을린 검은 피부는 흑인에 가까운 정도였으니 꽤나 건강한 모습이었다. 그는 우리 학급을 넘어서 선생님들에게까지 알려진 유명한 녀석이었다. 그가 유명인사가 된 것은 학교에 오자마자 엎드려 잠을 자면 점심시간에 잠시 깼다가 다시 하교시간까지 잠을 자기를 반복했기 때문이다.

처음에는 선생님들도 반항하는 것으로 오해하셔서 책망도 많이 하셨다. 하지만 얼마나 지났을까. 선생님들조차 포기하셨는지 더 이상 그 친구가 자는 것에 대해서 개의치 않으셨다. 그렇게 이미지가 굳어지면서 언젠가 부터 자신도 꺼벙이인 것을 굳이 감추려하지 않았고, 친구들 사이에 자연스럽게 꺼벙이로 통했다.

후에 알게 된 일이었지만 그에게는 그럴만한 이유가 있었다. 그는 매일 새벽에 일어나서 부모님 농사일을 돕고, 얼마간의 농산물을 손수레에 실어서 시장까지 끌어다 놓고, 그 길로 시오리 길을 걸어서 등교를 했던 것이다.

어려운 시절인지라 부모님인들 도리가 없었으리라. 아침인들 먹었겠는가. 허기진 배를 움켜잡고 이미 새벽부터 땀을 다 뺐으니 더 이상 남겨진 기력이 없었을 터이다. 다행히 몸이 탄탄하고 건장한 체구를 가지고 있었기에 견뎠지 그렇지 않았다면 견뎌내지도 못했을 일이다. 그러한 사실을 알게 된 다음부터 나는 그 친구가 언제나 자랑스러웠다.

불현듯 그 친구가 생각났다. 정신을 차릴 수 없을 만큼 졸려서 주체를 못하는 자신의 모습에 꺼벙이의 심정이 느껴졌기 때문이다. 아무리 정신을 차리려고 해도 몰려오는 졸음은 주체할 수 없었다. 이성의 기능이 마비된 느낌이 이런 것일까.

모 라디오 방송국에서 방송을 시작한 지 5년이 지났다. 이런저런 프로그램을 담당했는데, 요즘은 주로 녹음으로 방송을 하고 있다. 문제는 녹음실에서다. 생방송을 할 때는 그런 일이 없었는데 녹음 방송을 하면서 경험하게 되는 일이다. 스튜디오에 들어설 때까지는 아무런 문제없다. 만나는 사람들과 인사도 잘 챙긴다. 담당 PD와 진행상 필요한 이야기까지 잘 나눈다.

그러나 마이크 앞에 혼자 앉은 다음이 문제다. 혼자 남겨진 스튜디오 안에는 나만의 공간이다. 창밖에는 스텝들이 있지만 원고 한 장을 읽어가기가 바쁘다. 나도 모르게 혀 꼬부라진 소리가 나와 나를 놀라게 한다. 읽다가 보면 어디를 읽었는지 잊어버리기 일쑤다.

녹음기술이 좋아져서 편집을 하면 된다지만 담당자들은 두 번 일을 해야 한다. 똑바른 정신으로 전달하고자 하는 메시지를 호소력 있게 전해야 하는데, 들을 테면 듣고 말 테면 말라는 소리로 들린다면 수고가 헛된 것이 아니겠는가. 청취자들에게는 얼마나 실례인가.

매일 나가는 방송이기에 일주일분의 원고를 준비하느라 투자한 시간이 얼만데……. 막상 녹음시간에 꺼벙이가 되어버리면 어쩌자는 것인지. 그것도 한두 번이 아니지 않는가. 거의 매번 나는 스튜디오 안에서 문제의 꺼벙이가 된다. PD도 이제는 그러려니 하는 모양이다. 처음에는 다시 하자는 요구를 하더니만, 이제는 "나중에 편집하지요, 그냥 갑시다!" 아예 포기한 기색이 역력하다.

미안하기도 하면서 내가 왜 그 안에서는 꺼벙이가 되는지 나도 이해가 안 된다. 방송체질이라서일까. 아니면 신체구조상 어떤 문제가 있어서일까. 하여간 모를 일이다. 멀쩡했던 내가 스튜디오에 들어서기만 하면 여지없이 꺼벙이가 된다. 남들은 스튜디오에 들어서면서부터 긴장을 해서 뭐가 뭔지 모르게 한다는데, 나는 왜 그런지 모르겠나. 도내체 말이 될 일인가. 녹음시간마다 졸음은 나를 공포에 떨게 한다. 무엇으로도 졸음을 이길 수 있는 방법이 없다는 사실에 맥이 빠진다.

오늘도 나는 여지없이 꺼벙이가 되었다. 어떻게 녹음시간이 지났는지. 졸다가 두 시간이 훌쩍 지나갔다. 도대체 변명할 여지가 없다. 아직도 신체적인 욕구로부터 자유하지 못할 만큼 수련이 덜 된 탓일까. 아니, '나는 역시 생방송 체질이야!' 하는 말을 되뇌이며 원고를 주섬주섬 챙기면서 나도 모르게 피식 웃음이 나왔다. 웃음으로밖에는 자신을 용납할 수 있는 방법이 달리 없으니 할 말이 없다.

해서인가? 불현듯 고등학교 친구인 원조 꺼벙이가 생각나는 것이. 그 녀석은 그래도 이유가 있었는데, 나는 왜 꺼벙이가 되는지 모르겠으니 어쩌란 말인가. 청취자들이 알면 얼마나 불쾌할까 생각하면서 무거운 발걸음으로 방송국을 나섰다.

이 세상에서 제일 무거운 것이 눈꺼풀이라던가. 자신이 꺼벙이가 되고 보니 그 말을 인정할 수밖에 없을 것 같다. 짓누르는 눈꺼풀이 무겁기는 한 섬 볏가마니와도 비교가 안 될 것 같다. 졸린다고 눈꺼풀 한 장 못 들어 올리랴 하는 생각에는 결코 동의할 수 없다. 천하장사도 당할 수 없는 것이 눈꺼풀 무게라면 말도 안 되는 것이리라. 하지만 내 비록 천하장사는 아니지만 눈꺼풀이 무거운 것은 분명한 것 같다.

바보가 되는 기분이 이런 것일까. 스튜디오 안에 앉아있는 자신을 바라보는 스텝들은 열심히 졸고 있는 나를 보고 뭐라고 생각할는지. 얼마 지나지 않아서 프로그램에서 퇴출되는 것 아닐지. 혼자서 웃는다.

스텝들의 눈총이 따갑다. 그래도 졸린 것은 도리가 없다. 인간의 한계가 이런 것일까. 고등학교 시절 꺼벙이 그 친구는 일찍 자신의 한계를 터득했을지 모를 일이다. 해서 지금은 졸지 않고 열심히 살고 있을지 모른다. 한데 나는 이제야 꺼벙이의 심정을 느끼고 있는 것인가. 언제나 철이 들는지. 겨우 눈꺼풀 한 장을 이기지 못하니 말이다.

얼마 전 유명한 한 라디오 프로그램의 진행자가 음주 방송했다가 사표를 냈다는데……. 나는 졸음 방송했다고 퇴출은 안 될지…….
알 수 없는 혼자만의 웃음을 머금고 돌아오는 길. 운전대를 잡은 나는 멀쩡하기만 하니 정녕 나도 모를 일이다.

자아를 찾아서

수필은 1인칭 문학이라는 데 매력이 있다. 2인칭도 3인칭도 대상일 수 있으나, 그것이 결국 자아와의 관계에서 다루어지지 않는다면 수필의 매력은 없다. 어떤 소재를 주제로 하든, 그것이 자신과의 관계에서, 그리고 최소한 자신을 포함한 '우리'의 영역에서 의미와 문학적 아름다움을 추구한다는 데 매력이 있다.

해서 나는 수필을 쓰면서 항상 '자아를 찾는 일'이라고 자신에세 말한다. 어떤 대상을 통해서든 자기에게 묻고, 그 의미성을 찾고, 아름다움을 나누려는 것이 곧 내게 있어 수필쓰기이다. 자신을 포함한 모든 사물, 즉 풀이든 새든 나무든 돌이든 지나는 바람이든 그리고 이웃이든 그것들과의 관계에서 자신을 찾고, 자신에게 묻고 대답하려는 것이 나의 수필쓰기다. 때로는 감격도 부끄러움도 함께 담지만, 그것은 그대로 자신의 모습이기에 비록 득도하려는 것은 아닐지라도 자아를 찾는 기쁨과 부끄러움을 동시에 담는다. 그것으로 함께 나누고 싶은 것이 수필 쓰는 사람으로서 내 모습이고 싶다.

어쩌면 나의 수필쓰기는 자신이 바라는 '이상'을 찾고 있는 것일지도 모른다. 소리꾼들이 자기 소리를 만들기 위하여 각고의 수련을 통해서 득음得音의 경지에 이르려 한다면, 나의 글쓰기는 창조자가 부여한 존재의 의미를 담으려고 하는 깨달음이다. 비록 거창한 것이 아닐지라도 사물과 이웃들이 내게 하는 소리를 듣고, 그들과 함께 나누고 싶어 하는 작업이다. 바쁘다는 일상의 핑계로 그 소리를 듣지 못하고, 때로는 그 소리가 분명하게 들려오나 자신 안에 부끄러움을 감추려고 애써 못들은 척함으로써 진실과 아름다움을 찾지 못하는 어리석음을 자처하기도 한다.

해서인가, 오늘도 멈칫거리기만 한다. 일상의 분주함을 내려놓고 무뎌져가는 자신을 보며 아쉬움을 자신에게 토로한다. 허락받은 것을 아름답게 누리지 못하는 어리석음을 회개한다. 산천초목과 그곳에 깃드는 생명들도 모두 허락받은 아름다운 것들이건만, 그것을 누리지 못함은 자신의 무뎌짐과 욕심 때문인 것을 고백한다.

자신의 부족함 때문에 감추거나 모르는 척해야 하는 부끄러움을 헤아리려고 애를 쓴다. 하지만 끝내 내어놓지 못하고 자신의 내면 어딘가에 감추어 놓는다. 아마도 아직 진정한 깨달음에 이르지 못한 때문이리라.

나의 수필쓰기는 구도자가 찾아가는 진정한 자아 찾기, 그리고 신앙을 통해서 창조자의 뜻을 이상으로 찾아가는 삶이다. 비록 철없는 모습일지라도, 차라리 철이 없다는 소리를 들을지언정 진정한 자신과 인간의 모습을 찾고 싶다. 진정한 자아 찾기, 그것은 홀로 할 수 있는 것이 아니기에 오늘도 함께하는 모든 이들, 비록 알지 못하는 이들, 헤아릴 수 없는 피조세계의 모든 사물들과의 관계를 확인하려고 한다.

때로는 배움의 모자람을 고백하게 된다. 필력의 한계를 뼈저리게 느낀다. 그럼에도 진리와 진정한 아름다움과 행복을 찾고, 그것을 함께 나누고 싶다. 해서 나의 수필은 나눔이라고 하고 싶다. 함께 찾고, 아름다움과 이상을 나누는 사유와 삶의 과정을 통해서 서로에게 기쁨이 되고 행복이 되기를 바라는 마음이다.

오늘도 책상에 앉는다. 계절이 가는지도 모른 채 얼음판 위에서 버둥거리던 '철없는 백로'*를 생각하며, '서 있는 바람'*을 잡으려는 듯 미완성의 자아를 찾는 작은 기쁨을 얻으려는 구도자의 심정으로…….

* ≪철없는 백로≫, ≪서 있는 바람≫은 앞서 출판된 저자의 수필집이다.

개똥도 귀하건만

"개똥도 약에 쓰려면 없다."던가.

무엇에 쓰려고 했던 것인지 기억에 남아있지 않지만 어렸을 때 어른들의 심부름으로 개똥을 구하러 다녔던 기억이 있다. 그것도 바위 위에서 하얗게 분이 핀 것이라야 한다는 이웃집 아저씨의 말이 또렷이 기억에 남아있다. 마을 뒷산의 바위들을 모두 헤집고 다녔다. 평소엔 흔하게 보였던 것이건만 아무리 찾아도 눈에 띄지 않았다. 개똥을 찾아서 온 산을 헤맸었기에 개똥이 상당히 귀한 것으로 생각했었다.

요즘도 동물의 배설물이 꽤나 귀하게 대접을 받는 것이 있다고 한다. 얼마 전 뉴스를 통해서 호랑이 똥을 구할 수 없다는 소식이 전해졌다. 어디 호랑이가 흔한 동물이던가. 호랑이 똥이 품귀라는 소식에 의아했다. 혹시 만병통치약으로 둔갑시킨 것은 아닐까 하는 의구심 때문이다.

호기심과 함께 뉴스를 들으니 산간지역에서 농사를 짓는 사람들이 호랑이 똥을 구하고 있단다. 산짐승들이 내려와서 농작물에 많은 피해를 주는데 이를 퇴치할 수 있는 방법이 없어 고민하던 중, 천적관계를 이용해서 퇴치할 수 없을까 하는 누군가의 아이디어가 실험결과 대단한 효과가 있음을 확인하고 호랑이 똥을 구하는 것이란다. 소문을 듣고 너도나도 구하려고 하니 호랑이 똥이 수요에 비해서 공급이 절대 부족하다는 것이다.

지렁이 똥(土糞)은 지력地力을 회복시키고 비료성분이 높기에 인기가 있단다. 해서 전문적으로 토분을 비료로 생산하는 사업을 하는 사람도 있다고 하니, 지렁이도 뭔가 남기는 것이 있음이 분명하다. 그러고 보면 동물들의 배설물은 꽤나 유용한 가치가 있다. 계분鷄糞, 우분牛糞, 마분馬糞, 돈분豚糞, 하다못해 토분土糞까지 모두가 농사일에 매우 유용하게 사용되는 것들이니 말이다.

하면, 인간의 것은 어떨까. 한마디로 어디에도 쓸데가 없다. 하수종말처리장에 모여진 인분人糞은 그 처리가 골칫거리일 뿐이다. 그 분량 또한 어마어마하다. 아무리 해결하려고 해도 완전히 분해시켜서 처리할 수 없기에 바지선으로 실어다 공해상에 버리는 방법을 택하고 있는 것이 우리의 현실이다. 그렇게 실어다 버리는 양이 연간 얼마나 되는지 알 수 없다. 정부가 발표하는 수치를 그대로 인정한다고 하더라도 상상을 넘는 양을 실어다 버리면서도 깨끗한 척하는 것이 인간의 자화상인 것을 어찌 부인하겠는가.

한때 인분도 전혀 용도가 없었던 것은 아니다. 도시에서는 천덕꾸러기지만 1970년대까지만 해도 귀한 것이었다. 인분 한 차에 얼마라고 하는 가격이 형성되었을 만큼 대접을 받았다. 해마다 도시 근교의 과수농가에서는 과수원 한 귀퉁이에 커다란 구덩이를 파놓고 인분을 몇 트럭씩 사서 받아놓았다. 그리곤 겨우내 발효시켜 봄날 과수용 거름으로 사용했다. 그나마 인분의 가치를 인정받는 것은 그때가 마지막이었으리라. 1980년대에 들어서면서 기생충 감염의 위험성이 인식되고, 농사용 비료도 충분히 공급되면서 더 이상 인분은 사용하지 않게 되었다. 따라서 그 가치를 완전히 잃어버리게 된 것이 그즈음일 것이다.

인간은 세상에서 가장 좋은 먹을거리를 먹는다. 가장 고급의 식재료로 만들어 가장 품위 있게 먹지만, 그 배설물은 가장 쓸데없는 것이라니 아이러니가 아닐 수 없다. 동물들이 먹는 사료와 인간의 음식은 감히 질이나 가격 면에서 비교할 수 없다. 비싼 것을 먹었으니 그 배설물도 비싸야 하련만 지렁이 것보다도 인정을 받지 못하는 것이 현실이다.

혹여 비싼 것만 골라 먹어서 그런 것일까. 이것저것 좋다는 것만 골라먹으니 버리기가 아까웠을까. 지나치게 좋은 것만 먹고 소화과정에서 남김없이 흡수해버렸기에 남겨진 찌꺼기는 그야말로 아무런 가치가 없는 것일까. 하지만 인간이 먹은 음식물 중에 겨우 30퍼센트 정도밖에는 흡수하지 못하고 나머지는 배설된다 하니 그마저 변명의 여지가 없으리라.

가장 비싼 것을 먹고 제일 쓸데없는 것을 쏟아내는 것이 인간이니 말이다. 비싼 것을 먹은 만큼 비싼 가치의 배설물을 남길 수 있다면 좋으련만 그렇지 않다. 아무리 비싼 것을 먹은 사람들의 것만 모아 놓는다 하더라도 그 배설물의 가치는 지렁이 것만도 못함이 분명한 것을 어찌하겠는가.

비싼 것을 먹고도 정작 아무런 가치도 없는 것을 남기는 것이라고 생각하니 자존심이 허락하지 않는다. 하지만 개똥도 필요에 따라서 찾는데 사람의 것은 찾는 이가 없음이 사실이 아니던가. 어쩌면 사람이 독하기에 남긴 것도 독해서는 아닐지. 좋은 것이라면 기를 쓰고 찾아다니면서 먹고, 몸에 좋다면 못 먹는 것 없이 먹어치우는 탐욕스러움이 남겨지는 것조차 아깝기 때문이라고 하면 어불성설일까.

인간만큼 잡식성의 존재는 없을 것이다. 어떤 동물도 인간만큼 다양하고 탐욕스럽게 먹어치우는 존재는 없으리라. 동물들은 자신들이 먹는 것이 정해져 있다. 혹 잡식성인 녀석들도 있긴 하지만 인간처럼 가리지 않고 무엇이든 먹는 놈들은 없을 게다.

"입으로 들어가는 것이 더러운 것이 아니라 몸에서 나오는 것이 더러운 것"이라는 성경의 가르침이 새삼스럽다. 아무리 비싼 음식을 먹었어도 배설물은 골칫거리로 남겨지니 말이다. 좋은 것을 먹었음에 좋은 것을 남겨야 함이 마땅하거늘 인간은 배설물마저 해결하지 못하는 모습이니 어찌하겠는가.

앞으로도 먹어야 할 날들이 많이 있는데 자신이 남기는 것이라고 다를 바 없으니 나도 마찬가지인 것이랴.

그레고르는 어디에?

어느 날 아침, 그는 한 마리의 쇠똥구리로 변했다. 자신은 물론 주변의 모든 사람들도 놀라지 않을 수 없었다. 지난 밤 잠자리에 들 때까지만 해도 분명히 그는 인간이었다. 한 가정에 귀하고 성실한 아들이었다. 한데, 그날 아침에 출근을 위하여 일어나려 하지만 일어날 수 없었다. 아무리 소리를 질러도 그의 목소리를 알아듣는 사람이 없었다. 더 이상 사람의 소리가 아닌 곤충의 붕붕대는 소리일 뿐이었기 때문이다.

그가 늦잠을 자는 줄 알고 어머니와 누이동생이 번갈아 불러대지만 일어날 수 없고, 잠긴 문을 열어줄 수도 없어 몸부림을 쳤다. 처절하게 몸부림을 치지만 할 수 있는 것이 아무 것도 없었다. 밤새 자신의 모습이 한 마리의 곤충으로 변해버린 사실을 결코 받아들일 수 없었다. 그러나 변명조차도 할 수 없기에 몸부림치는 그레고르.

자신이 쇠똥구리가 아닌 이 집의 아들 그레고르라는 사실을 알리고 싶지만 알릴 수 있는 방법이 없다.

쇠똥구리로 변해버린 그레고르를 사랑하는 아들로 인정하는 가족은 아무도 없다. 어제까지만 해도 사랑하는 가족이었지만 지난 밤 쇠똥구리로 변한 그를 알아보는 사람은 아무도 없다. 혹여, 설명을 할 수 있다 할지라도 쇠똥구리로 변한 그를 아들로, 가족으로 인정한다는 것은 결코 기대할 수 없는 것이리라.

쇠똥구리로 변한 그레고르를 자신의 오빠로 애써 인정하여 살펴주던 누이동생마저 그를 포기하는 상황에서 그는 절망과 좌절의 고통으로 몸부림을 쳤다. 그리고 끝내는 절망 가운데, 아무것도 먹지 못하는 상황에서 쓸쓸히 죽음을 맞았다. 그렇다고 그의 죽음을 애도하는 사람도 없었다. 가족들조차 그의 주검에 아무도 가까이하지 않았다.

말라깽이가 된 상태의 그레고르의 주검만 덩그러니 남겨둔 채, 그를 사랑했던 가족들마저 집을 떠났다. 이제 아무도 그의 집을 찾지 않을 것이다. 더 이상 그의 곁에는 아무도 없다. 그를 기억하는 이도 없다.

카프카는 〈변신〉을 통해서 인간의 내면을 고발한다. 가장 가까운, 따라서 결코 끊을 수 없고, 끊어질 수 없는 혈연관계일지라도 직면하게 되는 현실을 통해서 보이지 않는 인간의 내면을 그려내고 있다. 쇠똥구리로 변한 그레고르와의 관계에서 인간의 감춰진 모습을 고발하고 있다. 작가가 말하고자 하는 것이 무엇인가와 관계없이 카프카의 〈변신〉을 읽어가노라면 자아의 내면으로 빠져들게 된다. 어쩌면 그것은 바로 자신의 모습이기 때문이 아닐까.

나는 지금 카프카의 고향 프라하의 한 골목을 걷고 있다. 그가 걸었음 직한 골목엔 영락없이 그의 체취가 남겨져있다. 나만이 아니다. 평화와 낭만을 사랑하는 슬라브인들의 삶의 질곡을 느끼고 싶어하는 이들, 그리고 드보르작, 스메타나의 곡들을 탄생시킨 프라하의 아름다움을 사랑하는 이들이 이곳을 찾아 걷고 있다. 그들도 공감하는 그 무엇이 있기에 멀고 먼 이곳을 찾았으리라. 카프카가 느꼈던 것을 자신들도 느껴보려는 듯, 그 길을 걸으려는 이들이 거리를 메우고 있다.

천년의 문화와 역사를 오롯이 간직하고 있는 프라하에 살았던 수많은 사람들을 만난다. 그들의 문화유산을 통해서 인간의 삶과 사랑과 아픔을 만난다. 잠시지만 포스트 카프카가 되어 그의 마음을 헤아리고 싶다. 이런 마음은 나만이 아닌 게다. 인구 천만 남짓한 이 나라에 연간 9천만 명이 넘는 관광객들이 찾아와 여행을 한다니 말이다.

어떤 문화와 역사를 가지고 있는 것과 관계없이 인간의 내면에 감춰진 속성은 같기 때문에 그런 것 아닐까. 해서 카프카의 글에 동감하고 자신들의 모습을 돌아보려는 것이 아닐까. 카프카는 인간의 자화상을 고발하는 것이련만, 그를 미워하지 않고 오히려 인산인해를 이루어 그를 찾아 여기 프라하로 몰려드는 것은 왜일까. 굳이 그를 만나고 싶은 것은 그가 고발하는 인간의 내면에 동의한다는 것이 아닐까.

하지만 나그네들은 카프카만을 기억하고 있는 것일까. 주인공인 그레고르에겐 관심이 없는 것 같다. 결코 원치 않는 상황에 처하여 고통 가운데 처절한 몸부림으로 생을 마감한 이 땅의 사람들에 대해서는 관심이 없는 것일까. 카프카는 있으나 그레고르는 없으니 말이다. 아니, 없는 것이 아니라 결코 보이지 않는지 모른다. 어쩌면 누구도 보이고 싶지 않기에 저마다의 방에 그레고르를 꼭꼭 숨겨놓았는지 모른다. 어딘들 그레고르가 없겠는가. 하지만 내놓고 싶지 않은 것이리라. 보이고 싶지 않은 것이리라. 요즘 세상에 쇠똥구리 한 마리가 어디 관심의 대상이 될 수 있단 말인가.

쇠똥구리로 변한 그레고르를 오빠로, 아들로 인정할 수 없는 것이 그 가족들이 직면했던 현실인 것을 부정할 수 없는 것처럼 말이다. 그레고르는 멸시의 대상, 부끄러움의 대상, 그리고 더 이상 함께할 수 없는 저주의 대상으로밖에는 여길 수 없었던 것이 그의 가족이었던 것처럼 말이다. 어쩌면 그의 주검마저도 돌아볼 수 있는 여유가 없음은 그의 가족만의 것이 아니리라. 그래서인가, 오늘도 프라하를 찾은 이들은 그레고르에게는 관심이 없고, 오직 카프카를 만나기 위해서 프라하의 옛집이 문전성시를 이루고 있는 것이.

카프카가 글을 쓰던 집 앞 좁은 골목길, 그곳엔 세계 각처에서 그를 만나기 위해서 몰려든 사람들로 저잣거리를 방불케 한다. 나도 그들 중 한 사람이 되어 황금소로黃金小路를 걷는다. 나도 그레고르에겐 관심이 없음인가. 누이동생인 그레테, 그의 아버지 잠자, 그리고 어머니, 모두 쓸쓸하게 떠난 그 길을 무심코 걷고 있다. 그들과 다르지 않음을 고백하고 있는 것일지 모른다.

오늘도 그레고르는 간데없고 카프카의 집 앞 황금소로에는 사람들이 넘치고 있다.

착각 III

해외 출장을 잘 마치고 돌아가는 길이다. 일에 대한 중압감도 없고 마음도 가볍다. 비행기 출발시간을 몇 차례나 확인하면서 여유롭게 공항을 향했다. 공항까지 픽업해준 사람들은 낯선 이국땅에 나를 홀로 내려놓은 채 이내 자취를 감추었다.

나는 그 길로 공항청사 안으로 여유롭게 들어가 탑승수속을 위해서 데스크를 찾았다. 한데 시간이 되었음에도 데스크에는 아무도 보이지 않았다. 내가 이렇게 빨리 왔나 하는 의아심을 가지면서도 시간은 분명히 확인했으니 내 잘못을 아니라는 확신과 함께 아무런 생각 없이 서성거렸다.

그렇게 서성이기를 얼마나 했을까. 한 금발의 서양 여인이 다가오며 왜 사람이 아무도 없느냐고 내게 물었다. 글쎄 모르겠다고 했더니. 여인은 '내가 너무 일찍 왔나?' 하는 것이었다. 그녀의 말에 자연스럽게 나도 동의했다. 그때부터 나는 혼자가 아니라는 사실 때문에 더 여유가 생겼다. 그녀도 여유로운 모습으로 앉아 책을 보기도 하고 나와 몇 마디 이야기를 나누며 시간을 보냈다.

그렇게 한 시간여가 지났을까. 항공사 직원들이 나타나 탑승수속 준비를 하기 시작했다. 당연히 가장 먼저 그녀와 나는 탑승수속을 하기 위해서 데스크로 다가갔다. 그녀는 비즈니스석을 타기 위해서 수속을 시작했고, 나는 이코노미석이기에 옆 데스크에 여권과 티켓을 내밀었다. 비즈니스석의 수속은 빨랐다. 그녀는 어느새 수속을 끝내고 비즈니스 라운지로 간다면서 나중에 보자는 말을 남기고 종종걸음으로 사라졌다.

하지만 내 탑승수속은 진전이 없었다. 직원은 뭘 하고 있는지 탑승권은 주지 않은 채 분주하기만 하다. 기다리다 못한 나는 무엇이 문제인가를 물었다. 그렇게 시간만 끌던 직원이 하는 말, '탑승자 예약이 안 되어있다.'는 것이다. 그럴 리가 있냐고 다그치면서 티켓을 확인하라고 했다. 하지만 여직원은 여전히 끙끙대기만 했지 답을 주지 않았다.

그러던 차에 간부직원인 듯한 사람이 다가오더니 내 티켓을 유심히 살폈다. 그리곤 내게 하는 말 "왜 이제 오셨습니까? 손님이 타셔야 하는 비행기는 이미 떠났습니다." 하는 것이었다. 이게 무슨 날벼락같은 소린가. 나는 분명히 제시간에 도착해서 지금까지 기다리지 않았던가. 나는 직원의 손에 들려있는 티켓을 빼앗듯 낚아채 살펴보았다.

아뿔싸 이게 웬 일인가. 내가 시간을 잘 못 본 것이다. 13시 30분을 3시 30분으로 본 것이다. 해서 두 시간 일찍 도착한다고 온 것이 사실은 내가 예약한 비행기가 출발하는 그 시간에 공항에 도착한 것이었다. 상황의 반전은 나로 하여금 순간적으로 공황상태에 빠지게 했다. 갑자기 머리가 텅 빈 느낌이었다.

"그럼 지금 수속하는 것은 뭡니까?" 직원의 대답은 "마침 한국행 특별기가 편성돼서 탑승수속을 하는 중입니다." 나는 다급히 물었다. "그럼 내가 이 비행기를 탈 수 있는 방법이 있습니까?" 직원은 내게 티켓을 다시 보여 달라고 했다. 그는 한참이나 들여다보더니 내게 단호한 어조로 "손님! 이 표는 아무것도 할 수 없는 표입니다." 예약된 비행기를 타지 않으면 다음에 쓰지 못하는 것은 물론 승급이나 마일리지조차 혜택을 받을 수 없는 표라는 것이다. 한마디로 예약된 비행기를 타지 않으면 휴지조각이나 다름없는 것이었다.

이제까지와는 달리 직원과 나의 입장은 완전히 바뀌고 말았다. 당당하기만 했던 나는 어떻게 해서든지 한국행 비행기를 타야 하는 절박한 상황에서 간청을 할 수밖에 없었다. 하지만 직원의 입장은 단호했다. "다른 방법은 없고 꼭 가셔야 한다면 표를 새로 사야 합니다." 그런데 만석이라 그나마 자리가 없다는 것이다. "비즈니스 석은 있는데 일단 그 자리라도 잡아야 갈 수 있습니다." 싫으면 그만두라는 투의 말이었다.

나는 울며 겨자 먹기로 왕복요금을 내고 편도 비즈니스 석을 사야 했다. 가진 현금이 없어 카드로 지불을 하고 탑승권을 손에 들고서야 한숨을 쉴 수 있었다. 어이없는 자신의 모습에 씁쓸한 미소를 지으며 VIP라운지로 향했다.

라운지에 들어서자 먼저 탑승수속을 하고 와 있던 금발의 여인이 큰 소리로 "그래도 탈 수 있게 돼서 잘됐습니다. 다행이네요!" 했다.

나는 피식 웃을 수밖에 없었다. 얼마나 긴장했었는지 몹시 목이 탔다. 생수 한 병을 가져다가 벌컥거리며 마시고야 숨을 크게 쉴 수 있었다. 그리곤 이내 소파에 몸을 던졌다. 여인은 그러한 내 모습이 안쓰러웠는지 더 이상 말을 걸지 않았다.

꼭 10년 전의 일이다. 똑 같은 실수를 해서 난처했던 일이 있다. 그땐 더 황당했던 것이 단체를 인솔해서 일본엘 가던 참이었다. 이번과 똑같이 시간을 잘못 본 것이 화근이었다. 일행과 함께 공항에 도착해서 탑승수속을 하면서야 예약된 비행기는 이미 이륙하여 일본을 향해 날고 있다는 것을 알았다. 결국 일행은 다음날 탑승권을 다시 구입해서 가야 했다. 그만큼 일정의 차질과 경제적인 손실이 컸다. 그 후 지금까지 그때 일을 끄집어내서 말하는 사람들이 있다.

착각이야 누군들 할 수 있겠지만 웃고 지나칠 수 없는 일 아닌가. 오늘도 해외출장을 위한 여행 가방을 챙겨 집을 나선다. 아내는 제발 탑승시간 확인하라고 신신당부를 한다. 언제부터인가 아내에게 생긴 버릇이다.

집을 나서면서 아내 몰래 슬그머니 티켓을 꺼내서 확인한다. 이번엔 착각하지 말아야지 내심 다짐을 하면서…….

인감도장

"잘 있어요!?"

"갑자기 어려운 부탁이 생겨서 전화했어요."

낯이 익은 목소리다. 미국에 사는 한 지인으로부터 온 전화였다. 그녀는 어려운 부탁이라면서 내게 심부름을 요청했다.

그녀가 미국에 정착한 지 20년이나 지났다. 그동안 부모님은 한국에서 농사일을 하면서 지내다 기력이 쇠하여져 더 이상 일하는 것이 어려워지자 큰딸이 자리를 잡고 있는 미국으로 어렵사리 이민을 선택했다.

한데 갑자기 한국에서 처리해야 할 일이 생겼다는 것이다. 살던 곳이 신도시로 개발되면서 토지 보상 이외에 원주민을 위한 보상을 딱지(입주권)로 주었는데, 그것을 팔고 미국으로 갔단다. 세월이 지나서 법적으로 권리를 넘겨주기 위해서 인감증명서가 필요한데 인감을 맡길 만한 사람이 없어서 전화를 하게 되었다는 것이다. 별로 어렵지 않은 일이고, 그 정도의 수고라면 얼마든지 할 수 있는 일이라고 생각해서 흔쾌히 대답을 했다.

하지만 내 마음은 뭔가 허접함이 느껴졌다. 그 부모님의 형제들과 나머지 자녀들, 그리고 친척들도 모두 한국에 살고 있기 때문이다. 그럼에도 굳이 내게 부탁한다는 말에 뭔가 말로 표현할 수 없는 아쉬움이 남았다. "믿을 만한 사람이 없고, 그렇다고 인감증명서 한 통을 떼어주기 위해서 미국에서 오기도 그렇고 해서 부탁을 한다."는 말은 내게 복잡한 생각에 잠기게 했다.

그만큼 나를 신뢰한다는 것이기에 나쁘지 않았지만, 형제나 부자지간에도 믿을 수 없다는 현실을 확인하면서 한편으로는 마음이 아려왔다. 믿을 수 없는 것이 한 길 사람의 마음이라고 했던가. 혈연관계조차도 돈 앞에서는 정녕 그렇게 신뢰할 수 없게 되었다는 말인가.

며칠 후 인감도장과 신분증 사본이 국제특급우편으로 왔다. 나는 그것을 들고 가까운 동사무소에 갔다. 한데 직원이 한참 살펴보더니 인감증명서를 발급해 줄 수 없다는 것이다. 발급목적과 위임사항이 일치해야 하는데 다르기 때문에 안 된다는 것이다. 하는 수 없이 미국으로 전화를 했다.

다시 서류가 도착했다. 그런데 이번엔 부동산 관계이기 때문에 해당 세무서에서 사실 확인이 먼저 돼야 발급할 수 있다는 조건이 붙었다. 나는 서류를 들고 세무서를 찾았다. 하지만 그곳에서는 부동산을 직접 판 것이 아니라 발급할 수 없다는 대답만 들을 수 있었을 뿐이다.

그렇게 오가기를 몇 번이나 하고서야 겨우 부탁받은 일을 마무리 할 수 있었다. 그 과정에서 인감도장 하나가 많은 것을 생각하게 했다. 과연 누가 무엇을 증명하는 것이며, 그 증명서는 정말로 믿을 수 있는 것인지? 나야 위임받아서 증명서를 발급받고 서류에 도장을 찍어준 일이 전부다. 하지만 도장 주인이 직접 찍은 것과 같은 효력이 발생하는 것을 보면서 우리 사회에서의 인감도장의 위력이 어떤 것인지를 실감할 수 있었다.

도장이 인격이 있거나 손이 있어서 스스로 문서에 찍은 것이 아니고, 그 도장이 누구의 손에 들렸는가에 따라서 달라진다. 누구의 손에 들려서 어떤 서류에 찍히느냐 하는 것이 인감의 권위며 위력이다. 인감도장은 사실을 확인하는 권위다. 하지만 신뢰가 없이는 도장의 기능은 무용하다. 아무리 도장의 권위가 있다고 할지라도 사람의 신뢰가 없이는 도장은 찍힐 수 없기 때문이다.

과거엔 신원증명서라는 것도 있었다. 도대체 누가 나의 신원을 증명한다는 것인지는 모르겠으나, 분명 다른 사람의 신원을 증명하는 제도가 있었다. 내가 나를 말하면 될 것인데……. 생면부지의 동장이나 면장이 나를 증명하는 것은 되고, 본인이 자신을 증명하는 것은 안 된다는 논리를 어떻게 생각해야 할는지 씁쓸했던 기억이다. 범죄사실의 유무를 확인하는 것이라면, 그것은 신원조회를 통해서 가능할 것이다. 그런데 전혀 알지도 못하는 사람이 보증하는 것의 의미는 무엇이었을까.

단지 사람이 사람을 믿을 수 없게 되니 법적인 책임을 분명히 하겠다는 목적이 만들어낸 문서일 것이다. 인감증명이든 신원증명이든 모두 법적인 책임을 전제한다. 이 법적인 질서를 존중하지 않는다면 그것으로 인한 더 큰 고통이 인간의 몫으로 남겨질 것이다. 해서 우리 사회에서 필요로 만들어진 제도가 인감증명이고 부동산 거래에 있어서 중요한 것이기에 무조건 부정할 수만도 없는 일이다.

생면부지의 사람이 건네준 증명서 한 장에 재산권이 오간다. 이제까지 본 적도, 만난 적도 없건만 달랑 증명서 한 통으로 소유권이 넘어간다. 그러니 아무에게나 인감도장을 맡길 수 없음이야 당연하지 않겠는가.

하나 부자지간, 형제지간에도 인감도장을 맡길 수 없다는 현실은 무엇을 말하는가. 한국인에게 있어서 혈연관계는 매우 특별한 것인데, 그마저 믿을 수 없다면 인간으로서의 관계와 삶의 의미를 어디서 찾아야 할는지. 신뢰를 상실한 관계는 더 이상 기쁨과 의미를 담보할 수 없다. 부자지간조차 신뢰할 수 없다는 것은 우리 사회가 중증의 질병에 걸려있음을 의미하는 것이리라.

그럼에도 정작 잃지 말아야 할 것을 잃고도 자각하지 못하고 있는 것은 아닐까.

사실事實과 사실史實 사이

문자가 왔다. 택배회사 직원이 물건을 놓고 간다는 것이다. 저녁 늦게 집에 들어가면서 낮에 왔던 문자가 생각나서 물건을 찾았다. 택배 직원이 말했던 곳에는 작은 물건이 하나 있었다. 그런데 이상한 것은 내가 주문한 물건과는 다른 것이었다. 집에 가지고 들어가서 보았지만 역시 아니었다. 수취인도 내가 아니었고 물건도 달랐다.

문자를 보낸 택배 직원에게 전화를 했다. 분명히 놓고 갔다는 것이다. 나는 설명을 했다. 두었다는 곳에 있었던 것은 내가 주문한 것이 아니고 다른 것이라고. 그 물건에 대해서 설명을 했다. 그랬더니, 그 직원이 하는 말은 그것은 자신이 취급하는 물건이 아니라는 것이다. 그러면 그곳에 있어야 할 물건이 어떤 과정을 통해서 바뀌거나 배달 착오라고밖에는 생각할 수 없다. 한데 문제는 그 물건은 자신이 취급을 하지 않는 것이란다.

몇 차례의 전화를 택배직원과 했다. 하지만 그는 물건을 그 자리에 두었다는 것인데 그것은 내가 주문한 것이 아니었다. 결국 택배직원은 분실한 것으로 생각하고 배상을 하겠다는 입장이다. 해서 가격과 통장번호를 알려달라는 것이다.

그렇게 정리를 했지만 나로서는 뭔가 아쉬운 마음이다. 택배직원도 착오를 할 수 있기 때문이다. 하지만 그곳에 있었던 물건은 그 직원이 취급하는 것이 아니라니 묘한 일 아닌가. 아무리 해석을 하려고 해도 해석이 불가능하다. 귀신이 곡할 노릇이 아닌가. 어떻게 그곳에 있어야 할 것은 없어졌고, 다른 물건은 그 자리에 있단 말인가. 게다가 그 물건은 정작 그가 취급하는 것이 아니라고 하니 어떻게 생각해야 할는지…….

결국 주문한 것은 없었던 것으로 하고 배상이나 받아야 하겠다고 생각했다. 그리고 아들에게 전화를 했다. 아들이 인터넷으로 주문을 해주었기 때문이다. 이만저만해서 이렇게 됐는데 하면서 설명을 시작했다. 한데 아들은 그 과정의 이야기에 대해서는 듣지 않으려고 했다. 아들은 단적으로 주문한 물건을 받지 못한 것과 배달된 것이 다른 것이라는 사실事實에 집중했다. 그 외의 과정이나 현상에 대해서는 단호하게 듣지 않으려고 했다. 그리고 배상을 회사에 청구할 것인가, 아니면 택배직원에게 할 것인가만 결정하란다.

전화를 끊고 잠시 생각에 잠겨야 했다. 이것이 세대차인가? 아니면 의식 차이인가? 간단한 대답은 아니기에 잠이 들 때까지 그 답을 찾지 못하고 뒤척여야 했다. 아무리 생각해도 딱히 그 답을 찾지 못하고 밤새 뒤척였다. 새벽에 눈을 떴다. 지난밤 생각하던 것이 이어진다. 결국 부스스 일어나 책상에 앉았다. 그리고 이 글을 끼적이고 있다.

답은 스스로 찾을 수밖에 없었다. 하지만 그 답이 맞는 것인지는 나도 모른다. 다만 세태가 과정과 사실史實에 대한 생각은 배제하고, 필요와 해결을 위한 사실事實만 중요하게 여기는 것이 아닌지. 사실事實이 없는 사실史實은 없다. 하지만 사실史實을 배제한 사실事實에 대한 이해는 건조하다. 누가 손해배상을 할 것인가 하는 문제에만 집착하는 것이기 때문이다. 사실史實은 과정을 포함한다. 그러나 사실事實은 실체에 대한 이해만 있을 뿐이다.

그 과정에는 배달한 사람이 있고, 그 직원이 아닌 또 다른 누군가에 의한 배달사고가 있었다. 나는 내가 받아야 할 물건이 아닌 다른 물건을 받았다. 하지만 받은 물건은 그 직원이 취급하는 것이 아니라고 한다. 그러면 누군가 다른 사람이 이 물건을 배달한 것이고, 내 물건은 없어진 것이다.

이 과정에서 배달직원은 분명히 수고를 했음에도 물건은 없어졌으니 손해를 봐야 하고, 정작 받아야 할 또 다른 누군가는 잘못 배달된 탓에 그 사람도 물건을 기다리고 있지 않겠는가. 나는 이러한 과정에 대해서 아쉬움과 함께 이야기하려고 했으나 아들은 그것은 아예 들으려고 하지 않았다. 아들은 사실事實만 생각하려고 했던 것이다.

사실事實은 사실史實이 배제될 때 의미가 건조하거나 왜곡된다. 반면에 사실史實은 사실事實이 전제되지 않을 때 거짓이 된다. 따라서 사실事實은 사실史實을 들을 수 있어야 한다. 또한 사실史實은 사실事實에 대한 확인이 반드시 있어야 한다. 단지 사실事實에만 집착하면 사실史實이 만들어주는 의미성을 배제하므로 사실事實의 의미조차 잃게 된다는 것을 생각하지 못한다면 지극히 어리석은 일이다. 때문에 사실事實과 사실史實은 언제나 함께이어야 한다. 그럼에도 어떤 것 하나만을 취하려고 한다면 모두를 잃게 될 것이다.

인생에 있어서도 그런 것 아닐까. 두 사실 사이에 인간의 존재가치와 의미가 있기 때문이다. 사실事實에 충실할 수 있는 단순함과 과학적 분석력이 있어야 하고, 동시에 사실史實의 의미성을 찾을 수 있는 배려와 이해가 있어야 넉넉한 모습과 여유로움을 찾을 수 있다. 하지만 어느 것 하나라도 놓치거나 배제한다면 그만큼 왜곡되거나 건조한 모습만이 남겨질 것이기에.

3부

무늬만 수박

무늬만 수박이랴!

수박이 과일가게의 주빈主賓으로 자리하고 있는 것을 보니 철을 만난 게다. 요즘은 재배기술이 발달해서 굳이 따보지 않아도 익지 않은 수박은 거의 없다. 하지만 전부 당도가 높은 것은 아니다. 잘 익은 것을 고르는 것은 여전히 신중해야 한다. 해서 대부분 과일가게 주인이 골라주기를 바란다.

하지만 골라 준다고 해서 맛이 없는 것은 빼놓고 팔지는 않을 것이다. 그러니 고른다는 의미가 어디에 있는가. 다만, 먼저 사간 사람은 당도가 높은 것을 가져갈 확률이 높을 뿐이다.

과일가게 주인은 열심히 고르는 수고를 한다. 하지만 아무리 신중하더라도 그는 남기는 것 없이 모두 팔 것이다. 그럼에도 신중에 신중을 기해서 골라주는 것은 손님에 대한 배려일까. 단 두 개만 남아도 둘 중에 하나를 고르는 작업을 포기하지 않는다. 그 마음이 그저 갸륵할 뿐이다. 마지막 둘 중에 하나를 고르고, 최후의 나머지 하나는 가장 맛이 없을 것이 분명하니 팔지 않고 처분할까…….

아파트 단지 안에 매주 금요일에 서는 장에서 수박을 사려고 했더니 단 한 개의 수박이 나를 기다리고 있었다. 마지막까지 주인에 의해서 가장 맛이 없을 것으로 선택된, 그래서 딱 한 개만 남겨져 있는 그것이었다. 선택의 여지도 없이 그마저 없어지기 전에 사야 한다는 생각에 서둘러 값을 지불했다. 그 순간 다른 손님이 달려들며 "아저씨 수박 없어요?" 하는 것 아닌가. 순간 내심 미소를 지었다. 마지막으로 수박을 샀다는 기쁨이었다.

하루 종일 팔린 것들 가운데서 내 몫으로 돌아온 수박, 생긴 것은 여느 수박과 다름없이 잘생겼기에 맛도 있으리라는 기대가 없지 않았다. 수박의 품위를 보여주는 무늬와 드러난 붉은 속살은 수박의 향과 멋과 맛을 그대로 느끼게 했다. 순간 군침이 입안 가득해졌다. 수분을 충분하게 머금은 수박의 속살은 이미 그 맛을 느끼기에 충분했다.

조급한 마음에 수박을 다 자르기도 전에 한 조각을 입으로 가져갔다. 이미 온몸이 갈망하고 있는 터였다. 입으로 들어간 순간, 기쁨과 감격으로 반응하려는 준비도 되어 있었다. 하지만 기대와는 달리 그 맛을 느끼는 순간 수박도 아니고 박도 아닌 것이었다. 먹을 수도 뱉을 수도 없는 지경이었다. 박이려니 하고 먹었다면 괜찮았을까. 그랬으면 그래도 박보다는 낫다는 생각을 했으련만 당연히 수박이라는 생각을 하고 베어 문 것을 다시 뱉을 수 없었다. 한참이나 망설이며 자신을 다스려야 했다.

무늬는 분명 수박이건만 정작 박만도 못했다. 겉보기에는 분명

잘생긴 수박이나 무맛이니 어찌 수박이라 하겠는가. 수박이려니 하고 먹을 수밖에 없다는 생각을 하니 수박 맛을 잊게 될까 하는 걱정마저 들었다. 무늬만 수박인 것을 수박으로 인정해야 하는 것도 어렵지만, 그것을 다 먹을 때까지 경험해야 하는 무맛을 어찌 감내해야 할는지.

혹여, 자신의 모습이 무늬만 수박인 것처럼 허우대만 그럴듯한 것 아닌지. 하루 종일 골라서 팔고 남은 한 통의 수박, 그것을 차지했다는 순간의 기쁨을 느꼈던 자신에게 '너도 무늬만 그럴 듯한 놈이 아니냐?'고 묻고 싶어지는 것은 왜일까.

야목골에서 만난 사람

소백산맥의 가파른 비탈 다랑이밭. 논 한 뙈기 일굴 수 없는 비탈이기에 밭이랑만 어깨춤에 걸리듯 겨우 매달아 놓은 곳. 세 뼘도 안 될 만큼 옹색한 터에 남향으로 옹기종기 자리한 집들. 마당이라야 혼자 누워 다리도 펴지 못할 만큼 좁디좁다.

비탈엔 커다란 바위들이 듬성듬성 자리하고 있어 그 사이사이를 비집고 겨우 집들을 앉혔다. 정말 용케도 집을 지었다. 옹색하기 그지없는 비탈에 자리한 이들의 삶이 이곳에서 수백 년이라니, 그 옛날 이곳을 찾았던 선조들이 어떤 형편이었는지를 짐작할 수 있을 것 같다.

양지바르다는 것과 숲이 깊다는 것 말고는 앞뒷집을 오가는 것마저도 숨이 찰 정도로 가파른 비탈이기에 삶의 공간으로서는 열악하기 그지없다. 앞집의 연기가 뒷집에 배어도, 뒷집의 코고는 소리가 앞집의 봉창을 흔들어도 동고동락하며 수백 년을 이어온 이들이기에 네 것 내 것 구별하지 않고 서로를 돌보며 살아온 이들의 터전인 것이리라.

골목길 어귀에서 쌓은 밭두렁을 거두고 있는 촌로를 만났다. 찾아드는 사람 없는 곳인데 낯선 이방인이 기웃거리니 경계심이 가득한 눈초리다. 모자를 벗어들고 정중히 인사를 드렸다. 사람이 그리워서인가, 촌로는 이내 표정이 밝아진다. 아니, 오랜만에 찾아온 이 마을 출신의 외인을 맞이하듯 반가움이 가득하다. 기어이 손에 든 낫을 내려놓고, 잠시 허리를 편 채 길손이 하는 소리에 귀를 기울여 준다.

마을 사람 전부라야 스무 명 남짓, 그 대부분이 육십이 넘은 고령이란다. 젊은 사람이 없는 곳이기에 오랜만에 지천명의 청년을 만나니 반가워서일까. 노인의 이야기는 그칠 줄 모른다. 마을의 자랑을 늘어놓기 시작하면서 지친 모습은 어디론가 사라졌다. 침이 마르도록 마을의 옛 이야기를 엮어간다.

뒷집에서 앞집 마당이 보일 듯 가파른 비탈에 자리한 야목골*. 외로운 촌로의 이야기를 다 들어주려다가는 발목이 잡힐 것 같다는 위기감에 서둘러 인사를 하고 마을을 내려다볼 수 있는 뒷산으로 발걸음을 옮겼다. 돌담길을 돌아돌아 빠져나오자 이내 뒷산이다. 뒷산이라 해도 야산이 아닌 것이 하늘만큼 높다. 뒷산의 높이가 해발 1000미터가 넘으니 산마루는 하늘에 닿았다. 게서 마을만큼이나 작은 자신을 보게 된다.

밭두렁이랄 것도 없이 커다란 돌멩이들이 자리하고 있는 곳에 산딸기가 흐드러지게 열린 채로 지나는 길손을 맞아준다. "딸기다!"

나도 모르게 소리를 질렀다. 생전 처음으로 산딸기를 보는 양, 어린 아이처럼 버럭 소리를 지르고 나서야 머쓱한 마음이다. 하지만 쑥스러운 마음도 순간일 뿐, 벌써 군침을 흘리고 있다.

밭두렁에 지천으로 열린 딸기가 순간 잡념을 잊게 한 것일까. 누가 먼저랄 것 없이 딸기를 입으로 가져가기 시작했다. 안 되겠다 싶어 배낭을 뒤져 비닐봉투를 찾아내 딸기를 담기 시작했다. 그 양이 많아 먹는 것으로는 해결이 되지 않았다. 감춰져있던 소유의 본능이 작동한 것일까. 잘 익은 것만 골라서 땄는데도 금방 비닐 봉투가 가득하다.

인간의 욕심이 이런 것일까. 담을 그릇이 없어서 따지 못하는 상황이지만, 남겨진 딸기가 나를 꼼짝도 못하게 하고 있으니 말이다. 끝내는 아쉬움을 내려놓고 돌아서야 했지만 남겨진 딸기가 눈에 아른거린다. 굉장한 횡재나 한 사람처럼 나도 모르게 싱글벙글한다.

마을엔 아이들이 없으니 딸기가 남겨졌을 게고, 아무도 손을 대지 않았기에 내 몫으로 주어진 것이리라. 과거엔 이 마을에도 아이들이 많았을 것이다. 그때에는 먹을거리가 부족했으니 딸긴들 남아날 수 없었으리라. 오직 생존을 위해 먹을 것을 찾아야 했던 그 시절엔 이마저 여유롭게 나눌 수 없었다. 누가 먼저 보았든지 자신의 입으로 가져가는 사람이 임자였을 테니 말이다.

하나, 지금 야목골엔 아이들이 없으니 딸기의 입장에서는 반기는 이들이 없어서 아쉬웠을까. 해서, 낯선 객이 찾아와 오랜만에 사랑을 받는 느낌이었는지 모른다. 값없이 딸기 따먹는 미안한 마음을 이렇게 둘러대도 되는 것인지. 인간이란 창조주로부터 허락받은 은혜를 누리기만 하면서도 조금 남겨진 양심이라는 것이 있어 자신의 모습을 부끄러워하는 것으로 넘어가려는 것일까. 그러한 자신의 모습에서 못난 인간을 본다.

언제 한 번 찾아와 살펴본 일 없고 자라는 데 보탬을 준 일이 없다. 아니 거기에 딸기나무가 있는 것조차 모른 채 지나다 발견했을 뿐 아닌가. 그럼에도 기꺼이 자신을 내어주는 딸기. 길손에게 기쁨을 주고, 산딸기의 향과 맛까지 선물하니 어찌 감사하지 않을 수 있으랴.

멋쩍기만 한 자신의 모습이다. 하기야 인생이 그런 것이라고 변명하면 그만이련만 "족제비도 낯짝이 있다." 하지 않던가. 빈손으로 왔음을 강변하면서도 손아귀에 무엇인가 들려있지 않으면 허전하고 불안하기까지 한 모습이 자화상이니 말이다.

야목골, 거기서 감춰져 있던 자신을 만났다.

* 야목골: 경상북도 예천군 상리면 용두리

루체른 호수에서

스위스에서도 경치가 좋기로 소문난 루체른 호수에서 국제조류협회 회의가 있었습니다. 참새와 오리, 고고한 두루미와 고니까지 지구상의 온갖 새들이 회원으로 가입한 협회라고 합니다. 내가 루체른을 찾았을 때 마침 국제회의가 열리고 있어서 잠시 참관할 기회가 있었습니다.

회의가 시작되자마자 참새보다도 빠른 입놀림으로 오리들이 호들갑을 떨면서 이야기했습니다. "극동 아시아에 있는 한국이라는 나라에 가려면 그곳 사람들을 조심해야 합니다. 그 나라 사람들은 보는 대로 우리를 잡아먹으려고 하고, 아니면 우리를 놀라게라도 하고야 마는 아주 못된 습성을 가지고 있습니다. 그들은 조류독감이 유행할 때도 잠시 걱정하는 듯 하더니만 언제 그랬냐는 듯 먹는 것에는 가리는 것이 없는 사람들입니다." 참석한 회원들은 열변을 토하면서 자신들이 경험한 이야기와 조상들로부터 전해들은 옛날 이야기까지 나누고 있었습니다.

그 소리를 듣고 있던 멸종 위기종으로 분류돼 있는 두루미가 점잖게 하는 말이 "그런 이야기는 나도 들었습니다. 우리 조상님께서 그곳에 살다가 한 사냥꾼에게 돌아가셨다고 부모님이 내게 그곳엔 절대 가지 말라고 했습니다. 만일 꼭 가야만 한다면 인간들이 없는 곳으로 가라고 귀에 못이 박이도록 말씀하셨습니다."

이야기를 듣고 있던 개리가 둔한 걸음으로 나서면서 걸쭉한 목소리로 "나도 들었는데요. 그곳의 인간들은 먹성이 너무 좋아서 무엇이든 먹어치운대요. 게다가 우리처럼 통통하고 덩치가 큰 새들을 얼마나 좋아하는지 모른대요."

그 소리를 듣고 있던 참새가 폴짝 튀어나와서 개리의 말에 한 마디를 거듭니다. "아이고 말도 말아요. 개리님은 덩치라도 크지요. 우린 통째로 구워봤자 한 점도 안 되는데요. 그래도 우리를 잡아먹지 못해서 안달인 인간들이 그곳에 산답니다. 옛날엔 우리 조상들이 그곳에 많이 살았는데, 도저히 살 수가 없어서 요즘은 다른 곳으로 이주했다는 소식이던 걸요."

참새들이 불만 가득한 말투로 재잘거리고 있는 동안 키가 큰 황새가 두 눈을 멀뚱거리면서 퉁명스럽게 한마디를 던집니다. "말도 마세요. 우리 이웃마을 친구들이 지난해 그곳으로 월동하러 갔다가 절반은 돌아오지 못했습니다. 인간들이 독극물을 낟알에 묻혀서 뿌려놓았는데, 그것도 모르고 배고픈 참에 허겁지겁 주워먹고 영영 돌아오지 못하게 되었지요. 아무튼 이해가 되지 않는 사람들입니다. 이젠 먹고 살 만큼 되었다는데, 왜 그렇게 우릴 잡아먹지 못해 안달인지 모르겠습니다.” 황새는 슬픈 기색이 역력했습니다. 그리고 다시는 그곳에 가지 않을 것이라는 다짐까지 했습니다.

이야기가 무르익어가던 중에 고고하기로 둘째가라면 서러워하는 고니가 조용히 앞으로 나와 점잖은 소리로 한마디 합니다. “회원 여러분! 나도 한마디 하겠습니다. 여러분들은 지금 한국이라는 나라에 대해서 이야기를 하고 있는데, 나는 조금 전에 이곳에 오면서 경험한 이야기를 하겠습니다. 제가 이곳에 도착해서 회의장 주변을 돌아보고 있는 중에 낯선 사람들이 있어 주시했어요. 그런데 못 들을 이야기를 들으면서 깜짝 놀랐다는 것 아닙니까. 왜냐구요? 아니 글쎄 지금 이야기하는 그 한국 사람들이 이곳에 왔더라구요. 그 나라가 요즘 좀 살게 되었다는 소식을 듣기는 했는데 말입니다.”

모두들 무슨 소리를 하려고 백조가 그렇게 이야기를 길게 늘어놓고 있는지 궁금한 표정으로 귀를 기울이고 있었습니다. 호기심과 궁금증은 이야기를 계속 듣고 싶게 만들었습니다. 그 표정들이 단순히 흥미롭다는 것이기보다는 비장한 느낌을 주는 것이었습니다. 그러한 분위기를 느꼈는지, 백조는 무거운 표정으로 입을 열었습니다.

“제가 이 회의에 참석하기 위해서 루체른 호수 서쪽에 있는 선착장 부근에 내렸습니다. 조금 일찍 도착한 터라 잠시 쉬면서 아름다운 호수와 회의장인 루체른 홀의 정경을 구경하고 있었습니다. 그런데 어디선가 시끄러운 한 무리가 나타났습니다. 그 소리에 귀를 기울였더니 유럽에서는 들을 수 없는 방언을 쓰고 있었습니다. 알고 보니 그들은 한국인들이었는데, 내가 다가가니까 자기들끼리 신나게 말하고 있는 것을 들었습니다. ‘야! 저놈 한 마리 잡으면 몇 명이 먹을 수 있을까?' 하는 것이었습니다."

"나는 깜짝 놀라서 주변을 돌아보았더니 저밖에는 아무도 없는 것 아닙니까? 하도 어이가 없어서 그들의 얼굴을 다시 한 번 바라보았습니다. 배울 만큼 배운 사람 같았고, 몸에 지니고 있는 것들은 꽤나 값이 나가는 명품들이었습니다. 그런데 그들은 나를 잡으면 몇 명이 나눠먹을 수 있겠는가 하는 이야기를 하고 있는 것이었습니다. 놀랐지만 어디 제 체면에 호들갑이야 떨 수 있던가요. 슬그머니 그들로부터 멀어졌지요. 아직도 심장이 콩닥거리는 걸요. 아무튼 그 사람들은 어딜 가도 먹는 것밖에는 뵈는 것이 없는 것 같았습니다. 그러니 특별한 조치를 취해야 할 것 같습니다."

백조의 이야기를 듣고 있던 협회의 모든 회원들은 분노에 찬 표정을 지었습니다. 회의에 잠시 참석했던 나로서는 오금이 저리고 얼굴을 들 수 없을 만큼 부끄러웠습니다. 마지막에 고니가 했던 말이 결정적이었습니다. 고니가 들었다는 말은 바로 우리 일행이 한 말이었기 때문입니다. 그 순간 나는 고개를 들 수 없었습니다.

작명 단상作名 斷想

‘고추잠자리는 왜 고추잠자리일까?’ ‘빨간색이 고추를 닮아서일까? … 그러면 쌀잠자리는 왜?’ … 흰꼬리 가지고 있으니까 쌀인가?’ 피식 웃음을 머금는다. 그렇다면 별 뜻 없이 주변에서 연상되는 것으로 이름을 지은 것일까. 분명히 하나의 생명이건만 의미를 부여하는 인간은 그렇게 생각 없이 작명을 한 것일까. 어쩌면 온갖 사물의 이름을 짓다가 보니 이름을 생각해 내는 것이 궁했을지 모를 일이다.

일본 사람들의 성씨姓氏가 그렇다. 일반적으로 알려진 그들의 이름들을 보면 그럴 것이라는 생각이 든다. 그들은 역사적으로 무사(지배)계급 외에는 성씨를 가지지 못했다. 그랬던 그들이 근대에 와서 모든 사람들이 이름을 가질 수 있게 되면서 갑자기 자기 성과 이름을 만들어야 했다. 그러니 성씨를 만드는 일이 결코 쉽지 않았다. 모르긴 해도 면서기가 지어주지 않았을까. 같은 작명소에서 이름을 짓게 되면 비슷한 이름이 만들어지는 것처럼 많은 사람의 성을 갑자기 만들어주는 것은 쉬운 일이 아니었을 것이다.

해서, 그들이 사는 곳과 위치를 물어 성씨로 만들었던 것 같다. 우에무라(上村－윗마을), 나카무라(中村－가운데 마을), 니시무라(西村－서쪽마을), 기타무라(北村－북쪽마을), 고지마(小島－작은 섬), 오시마(大島－큰 섬), 나카지마(中島－가운데 섬), 다니구찌(谷口－골짜기 입구), 다카하시(高橋－높은 다리), 다나카(田中－밭 가운데), 오오기(大木－큰 나무), 이즈미(泉－샘), 고이즈미(小泉－작은 샘) 등과 같이 살고 있는 장소와 위치에 따라서 성씨를 만들었던 게다. 그러니 그들은 같은 성을 가졌다고 해도 가계家系가 같다고 생각하면 잘못이다. 같은 성이라고 해도 얼마든지 가계가 다를 수 있기 때문이다.

사물에 이름을 붙이는 것은 인간만의 고유한 권한이다. 그것은 창조주가 인간에게 허락한 특권이기에 인간은 자의적인 발상을 통해서 이름을 지었다. 그러나 사물을 대할 때마다 어떤 뜻으로 그렇게 이름을 지었을까 하는 생각을 하게 된다. 저마다 가지고 있는 이름들이 예쁘기도 하고 못났기도 하다. 때로는 인간의 심술이 잔뜩 담긴 이름이기도 하다.

그들의 이름을 보면 인간의 속내가 담겨진 것 같아서 자신도 모르게 웃음이 나온다. 때론 살아온 여정의 질곡들이 담겨진 것 같아서 아프기도 하다. 긴 역사를 통해서 누가 그렇게 부르기 시작했는지 알 수는 없으나 누군가에 의해서 그렇게 불리기 시작했을 것이고, 이 사람 저 사람의 입을 거치면서 그 이름이 고착화되었을 것이다. 그 과정에서 예쁜 이름을 가진 것도 있고 흉한 이름을 가진 것도 있다.

그러나 정작 그 이름을 지은 사람들은 그것을 즐기고 있는지도 모른다. 아니 자신들의 애환이나 감정을 담았는지도 모른다. 어쩌면 질곡의 인생을 살면서 아무런 느낌이나 감정도 없는지 모른다. 그렇더라도 며느리밑씻개, 애기똥풀, 광대나물, 개불알풀, 매발톱, 퉁퉁마디, 며느리배꼽, 그 이름들에 담긴 해학을 연상케 하는 것은 어쩔 수 없는 것이랴.

하면 고추잠자리, 쌀잠자리와 밀잠자리도 그렇게 이해해야 할 것인가. 쌀잠자리는 희다고 그렇게 지었을 것이고, 밀잠자리는 누렇다고 그렇게 지은 것인가? 그 이유를 알 수 없다. 그럼에도 그렇게밖에는 해석할 수 없으니 어찌하겠는가.

굳이 왜 고추, 쌀, 밀과 같이 먹을거리를 잠자리의 이름으로 사용했을까. 그만큼 궁핍한 생활이 우리네의 현실이기 때문이었을까. 잠자리가 쌀로 보이진 않았겠지만 쌀로 표현할 수밖에 없었던 것이 우리네 형편이 아니었을까. 먹을거리가 귀했기에 눈에 뵈는 것이 모두 먹을거리로 보였다고 하면 너무나 슬픈 이야기이리라. 실제로 이 나라의 5천년 역사가 가난의 역사였기에 그 개연성은 있을 법하다. 그러니 이러한 해석에 대해서 풍자가 지나치다고만 할 수 있을까.

한편 이 땅의 사람들은 가난했어도 마음은 풍요로웠다. 그땐 잠자리도 흔했다. 웅덩이마다, 논배미마다 잠자리유충이 지천이었다. 여름부터 가을까지 잠자리는 제철이었다. 뵈는 것이 모두 쌀이었고, 밀이었으며, 고추였으니 넉넉함이 넘치지 않았던가. 비록, 찬이 변변치 않았어도 쌀과 보리, 게다가 고추장과 된장만 있으면 최소한 살아남을 수 있는 조건을 갖춘 것이었으니 말이다. 지나치리만큼 소박한 소망이 전부였기에 조소거리가 될는지 모른다. 그렇다고 한들 우리네의 넉넉함이란 것이 식구食口들의 배를 채울 수 있으면 더 바랄 것이 없다 하지 않았던가.

사물의 이름까지 먹을거리로 지어야 했던 마음을 헤아린다는 것은 무리가 아닐 수 없다. 그만큼 먹을거리가 절박했고, 아무리 먹어도 배가 고팠을 것이니 잠자리 이름쯤 먹을거리로 지었다고 해서 뭐라 할 수 있겠는가.

그렇게 지어진 이름이라고 해도 아름답기만 하니 그만 아닌가. 사람이 밀이라 한들, 쌀이라 한들, 그들은 모두 너른 들판에서 신나게 날고 있다. 그들은 밀도 쌀도 아니다. 그들은 잠자리일 뿐이다. 이 가을 들녘에서 만나는 잠자리는 누가 뭐라고 한들 개의치 않고 자유를 누리고 있지 않은가.

정작 그들을 고추라고, 쌀이라고 작명한 인간들은 저들의 자유를 누리지 못하고 있지 않은가. 배가 불러도 더 맛있는 것을 찾기 위해서 매이고, 여유가 있으면 있는 대로 더 많은 것으로 채우려고 매이니 말이다. 피부가 하얗다고, 누렇다고, 검다고 사람이 아니던가. 모두가 사람일진대 사람으로 살아야 할 것이고, 자유해야 하지 않겠는가. 고추, 쌀, 밀 모두 모여서 신나게 날고 있는 것처럼 모든 사람이 함께 자유로이 사는 것이 이 땅에서 허락받은 삶이 아니런가.

집어등 유감

여름날 어둠이 깃들 무렵 동해는 불야성을 이루기 시작한다. 어둠이 짙어질수록 휘황한 불빛이 동해를 밝힌다. 강렬한 집어등 불빛이 심해의 잠을 설치게 한다.

동해의 어부들은 집어등을 밝혀놓은 채 온밤을 지새운다. 불빛에 미혹된 오징어들이 미친 듯 달려든다. 온밤을 지새워 어두움과 싸운 어부들은 태양이 집어등의 불빛을 잠재울 즈음 만선의 기쁨으로 지난밤의 피로를 잊는다.

사이버 바다에는 집인등集人燈 불빛이 번쩍인다. 일렁이는 사이버 물결에 집인등은 요란하게 빛을 발한다. 인터넷을 연결하는 순간 사람들의 시선을 사로잡는다. 배너광고는 이목을 집중시킨다. 클릭하는 순간 요란한 광고 문구와 적나라한 그림까지 본능적으로 호기심을 더하게 한다. 하지만 사이버 바다의 집인등은 만선의 기쁨을 주지 않는다. 감춰놓은 낚싯바늘이 인간의 마음을 아프게 할 뿐이다.

동해의 집어등은 밤바다를 아름답게 하건만 사이버의 집인등은 그마저 허락하지 않는다.

‘너’ ‘나’ ‘우리’

“와!!!” 하는 함성이 고요히 잠든 새벽을 깨운다. 지축을 흔들 듯 환호성과 박수소리가 터져 나왔다. 잠결에 깜짝 놀라 눈을 떴다. 침묵의 순간이 지났다. 누운 채로 “무슨 소리지?” 이내 정신이 들었다. “아! 올림픽 축구, 동메달 결정전….” 순간 벌떡 일어났다. 이겼다는 소리겠다는 생각에서다.

지난밤 늦게 잠자리에 들었던 터라 잠들어서 얼마 지나지 않은 새벽 시간이었다. 눈을 비비며 비실비실 일어나 텔레비전을 켰다. 눈을 뜰 수 없을 만큼 몸이 잠에서 깨어나지 못한 상태다. 리모트컨트롤을 손에 든 채 텔레비전을 응시했다. 한국팀이 한 골 앞선 가운데 전반전 경기가 계속되고 있었다. 소파에 기댄 채 전반전 경기를 다 보고야 말았다.

계속 보고 싶은 마음과 자야 한다는 생각이 교차하면서 갈등을 했다. 결국 날이 밝으면 해야 할 일 걱정에 후반전 시청은 포기할 수밖에 없었다. 아쉽지만 전반전을 본 것으로 만족하겠다는 생각을 하면서 다시 잠자리에 들었다. 한 열흘 잠을 제대로 자지 못한 터라 몹시 지친 상태이기에 계속 본다는 것은 무리였다.

잠을 청한 지 얼마나 지났을까. 이번엔 두 차례나 연이어 새벽의 적막을 깨우는 큰 소리가 아파트를 진동시켰다. 벌떡 일어나 텔레비전을 다시 켰다. 이미 또 한 골을 넣은 상태였다. 결국 후반전이 끝나고 선수들 인터뷰까지 다 보고야 말았다.

축구가 무엇이기에 새벽잠을 모두 포기하게 만드는 것일까. 아니 한일전은 왜 다른 경기와 달리 많은 사람들이 잠을 이루지 못하고 텔레비전 앞에, 광장에, 체육관에, 치킨집에 모여서 밤을 지새우며 응원을 하는 것인가? 사실 응원이라고 하지만 그 자체를 즐기고 있는 것이니 한일 축구경기가 국민들의 정서에 미치는 영향이 큰 것은 분명하다. 누가 나오라고 해서 광장에 수만 명의 사람이 모일 수 있겠는가. 누가 이 더운 여름에 창문을 다 열어놓고 자는데 새벽시간에 함성을 지르면 가만히 있겠는가.

하지만 아무도 경찰에 신고하는 사람이 없다. 오히려 피곤해서 잠들었던 자신의 탓으로 돌리고 눈을 비비며 일어나 텔레비전을 켤 망정 신고를 해야 한다고 생각하는 사람이 없는 것은 왜일까? 혹여 국가라고 하는 단위의 '우리'에 대한 의식을 가지고 있기에 공감하고, 허용하고, 이해할 수 있는 것 아니겠는가. 해서 새벽을 깨우는 소리를 질러도, 자기의 이익과 직접적인 관계가 없어도 '우리'라고 하는 의식 때문에 같이 기뻐할 수 있는 것 아니겠는가.

경기가 끝났다. 다시 잠자리에 들면서 잠시 생각한다. 밤을 지새워 함께 기뻐할 수 있는 것처럼 모든 이웃들과 이해와 격려를 나눌 수 있으면 좋겠다는…. 이해관계를 따지지 않고 함께할 수 있는 이웃이면 좋겠다. 국가 단위의 '우리'를 체험하게 하는 새벽의 함성처럼 이웃과의 관계에서도 '우리'였으면 좋겠다. 그러면 모두가 기쁘고 평화롭지 않겠는가. 모두가 여유롭고 행복하지 않겠는가. 비록 새벽에 잠을 깨운 함성이지만 '우리'에게 행복을 전해주는 소리였기에 누구도 화를 내지 않는 것처럼 말이다.

그 함성에 대해서 아무도 분노하지 않았다. 짜증을 내는 사람도 없었다. 잠자느라 함께 깨어 있지 못한 자신을 탓한다. 누구도 뭐라고 하는 사람이 없건만 미안해한다. 짜증을 내야 하련만 오히려 함께하지 못함이 미안하여 벌떡 일어난다. 지켜보는 사람도 없고 청하는 것도 아니건만 스스로 책망을 한다.

애국심이라는 말은 너무 거창할 것 같고, 어쩌면 자신이 속해 있는 공동체를 통해서 대리만족을 하는 것 아닐까. 게다가 일본과의 경기니 더욱 그럴 것이다. 언제, 누가 그렇게 하라고 강요하거나 요청하는 사람이 없음에도 당연하게 받아들인다. 누군가 전수시키지도 않았는데 알아서 동참하기를 마다하지 않는다.

그러나 경기가 끝나고 일상으로 돌아가면 응원을 함께하면서 밤을 새워 함성을 지를 수 있었던 공동체의 일원으로서의 모습은 어디론가 사라진다. 가장 가까운 이웃임에도 단지 경쟁의 대상이고, 때로는 다툼의 대상이 된다. 어떤 때는 더 이상 아는 사람도 아닌 것처럼 안면 몰수하고 양보할 수 없는 싸움의 대상이기도 하다.

그러나 '우리'는 단순한 경쟁자로서 '너(이웃)'가 아니고, '너'가 있음으로 '나'일 수 있다는 관계이어야 하지 않겠는가? 이렇게 '너'와 '나'의 관계가 성립될 수 있을 때 비로소 진정한 '우리'일 수 있을 것이니 말이다.

그럼에도 여전히 자기 안에서만 '나'의 정체성과 가치와 그 모습까지 찾으려 하는 것은 진정한 '나'를 확인하지 못한 채 필요에 따라서 겨우 동참하게 되는 '우리'의 모습으로 만족하려는 짧은 생각에 지나지 않을 것이다. 언제까지 한일전 때문에 밤을 지새우는 것으로 자기만족에 머무르려는가. 이제는 '너'에게서 진정한 '나'의 모습을 찾을 수 있어야 하지 않겠는가. 그렇게 서로를 존중할 수 있는 진정한 '우리'의 모습으로 밤을 지새울 수 있고, 며칠 밤이라도 함께 할 수 있다면 얼마나 좋을까.

4부

위험한 동거

위험한 동거

황조롱이가 선전포고도 없이 원앙이의 둥지에 들이닥친다. 원앙이는 필사적으로 덤비며 위기를 겨우 모면한다. 필사적으로 둥지를 탈출한 원앙이는 수면 가까운 교각 밑동에 떨어지듯 가까스로 내려앉아 놀란 가슴을 쓸어내린다. 그 순간에도 원앙이는 교각 위에 있는 둥지에서 눈을 떼지 못하고 있다. 폭군 황조롱이는 원앙이의 둥지와 원앙이를 번갈아 보면서 반드시 잡겠다는 의지를 다지고 있다.

잠시 후, 황조롱이가 자리를 뜨자 원앙이는 혼신을 다해 날아올라 교각 위에 있는 둥지로 다시 찾아든다. 허겁지겁 부리로 알들을 살핀다. 뽑아놓은 가슴깃털을 모아 알 주변을 감싼다. 그러면서도 언제 들이닥칠지 모르는 황조롱이를 경계하는 눈길은 긴장을 늦추지 않는다. 시도 때도 없이 들이닥치는 폭군 때문에 마음 놓고 포란을 할 수 없으니 원앙이의 작은 눈엔 걱정이 가득하다.

누가 먼저인지는 모르나 원앙이와 황조롱이가 같은 교각 위에다 둥지를 틀었다. 둘은 처음부터 잘못된 동거를 시작한 것이다. 강자에겐 문제가 아니겠지만 약자인 원앙이는 생명을 담보로 하는 동거를 선택한 것이다. 이제 와서 누구를 탓하겠는가. 일찌감치 포기하고 둥지를 다른 곳에 마련했어야 현명한 일이었으리라. 하지만, 이미 포란 단계이니 어찌할 도리가 없지 않은가. 하루에도 몇 번씩이나 습격을 받아야 하는 원앙이. 하지만 결코 둥지를 포기할 수 없기 생명을 담보로 포란을 한다.

공격을 뿌리치기 위해서 원앙이는 목숨을 건다. 황조롱이의 날카로운 발톱과 부리는 인정사정이 없다. 그때마다 깃털이 뽑히고 부러져나간다. 이제는 자기 몸뚱이 하나를 들어올리는 것조차 힘겹게 보일만큼 초췌한 몰골이다. 그럼에도 결단코 포기할 수 없기에 둥지를 향해 안간힘을 다해 다시 날아오른다.

그러한 상황에서 포란이 순조로울 리 없다. 그러다 보니 모든 알이 동시에 부화하는 것은 불가능하게 되었다. 10개의 알 가운데 네 마리의 새끼가 먼저 부화했다. 나머지도 곧 부화할 것이련만, 먼저 부화한 새끼들의 생명을 보장받을 수 없는 형편인지라 어미는 안절부절못한다.

어미로서 매몰찬 결단을 해야 했다. 언제 황조롱이가 또 들이닥칠지 모르니 어쩔 수 없는 결단이리라. 더 이상 둥지에서 머뭇거리다가는 부화한 새끼들마저 모두 잃게 될 것이라는 사실을 알고 있는 어미로서는 뼈아픈 결정을 해야 했다. 우물쭈물할 수 있는 여유가 없기 때문이다.

아직 깨어나지 못한 알들을 보면서 안타까워 머뭇거리던 어미는 순간 둥지를 박차고 교각 아래 흐르는 강물 위로 뛰어내렸다. 그리고 새끼들에게 자신처럼 뛰어내리라고 소리를 지른다. 이제 막 부화한 새끼들은 본능적으로 어미의 소리에 귀를 기울이더니 한 놈이 먼저 뛰어내렸다. 이어서 한 마리씩 네 마리가 차례로 모두 뛰어내렸다.

15미터나 되는 높이의 교각 위에서 어미만을 믿고 강물로 뛰어내리는 새끼들의 모습이 장했다. 통쾌했다. 새끼들은 어떤 망설임이나 두려움의 기색도 없이 어미가 있는 강물로 뛰어내렸다. 세상에 태어나자마자 아무것도 모르는 녀석들이 해내는 모습은 정말 대견한 것이었다. 아니, 그것은 경이로운 것이었다.

녀석들이 뛰어내리는 모습에 쾌감이 느껴지는 것은 왜일까. 약자에 대한 순간적인 동정일까. 아니, 포란을 시작하면서부터 원앙이를 먹잇감으로 삼기 위해서 시도 때도 없이 공격을 했던 황조롱이가 미워서일까. 녀석이 원앙이 새끼들이 이소하는 장면을 본다면 어떤 심정일까. 그동안 얼마나 많이 공격을 했지만 헛수고였으니 말이다. 원앙이가 새끼를 부화시킨다는 것 자체가 불가능할 것 같았는데, 보란 듯 부화시켜서 이소하는 모습은 정말 멋진 것이었다. 통쾌한 것이었다.

바로 그때 황조롱이가 원앙이 둥지로 들이닥쳤다. 그러나 둥지에는 이미 어미도 새끼도 없다. 아직 부화하지 못한 알들만 덩그러니 남아 있을 뿐이다. 황조롱이는 자신의 눈을 의심하는 듯 갸우뚱거렸다. 자신의 눈을 몇 번이고 의심하면서 못미더워하는 표정이다. 이내 교각의 다른 지점으로 옮겨 앉더니 강물에 떠있는 원앙이 어미와 새끼를 발견했다. 녀석에게는 이미 그림의 떡이다. 공중이나 육지에서야 제왕 노릇을 할 수 있을 것이나 물에서는 아무 것도 할 수 없으니 어찌하겠는가. 유유히 새끼들을 데리고 헤엄쳐 풀숲으로 사라지는 원앙이 가족을 바라보던 녀석은 분노하는 기색이 역력했다.

미련이 남았던 것일까. 녀석은 원앙이의 둥지로 다시 돌아갔다. 거기에는 때마침 새로운 생명이 탄생하고 있었다. 남겨졌던 알 가운데 간발의 차이로 늦게 세상에 나오는 한 생명이 있었다. 제왕의 체면은 어디로 갔는가. 황조롱이는 이제 막 부화하고 있는 원앙이 새끼를 먹이로 삼는 것으로 만족해야 했다. 한 달여의 긴 시간 동안 원앙이를 먹잇감으로 삼으려고 수없이 공격을 했건만, 겨우 눈도 뜨지 못한 새끼 한 마리로 대신한 것이다.

환경문제를 다루는 텔레비전 프로그램은 그렇게 끝이 났다. 하지만 당당하게 황조롱이에게 덤비던 어미의 모습이 생생하다. 어미의 부름에 높은 교각 위에서 뛰어내리던 새끼들의 장한 모습이 뇌리에 그대로 남아있다. 네 마리의 새끼들을 등에 태우고 황조롱이가 지켜보는 앞에서 유유히 사라지는 원앙이 가족은 지워지지 않는다.

새로운 생명을 탄생시키고, 그 생명을 지키기 위해서 헌신하는 어미의 모습은 거룩한 것이었다. 비록 남겨진 알들을 포기하는 것은 아쉽고 아프지만, 어미인들 쉽게 포기할 수 있었던 것은 아니었으리라. 갓 태어난 네 마리의 새끼를 지키기 위해서 내린 결단은 어미의 본능적 사명이었을 것이다. 조금이라도 망설였다면 모두를 잃는 슬픔을 겪어야만 하지 않았을까.

상대적 약자로서 누구의 도움도 없이 새끼를 부화시켜서 이소하는 어미의 모습은 황조롱이를 조소하기에 충분했다. 폭군 앞에서 당당했던 어미는 이제 네 마리의 새끼를 등에 업고, 그동안의 고통과 아픔을 뒤로한 채 새끼를 기를 수 있는 물가로 향했다. 어떤 드라마가 이런 감동을 줄 수 있을까.

이제 위험한 동거는 끝났다. 어미의 야윈 모습에 마음이 아프다. 하지만 더 이상 이웃집 폭군의 습격은 없을 것이다. 네 마리 모두가 잘 자랄 수 있을지는 모른다.

원앙이 가족이 유유히 지나는 수면에 남겨진 작은 물결은 멀리 퍼지며 길을 열어갔다.

흑黑과 백白

끼리끼리 모여서 웅성거리는 사람들의 눈에는 두려움이 가득하다. 풀이 죽은 표정에는 짚나라미라도 붙들고 싶은 심정이 역력하다. 다른 외모와 다른 말을 쓰는 것을 보니 각각 다른 나라사람들임이 분명하다. 긴장감 속에서 눈치를 보아가면서 뭔가 이야기를 나누다가 호출하면, 그중 한 사람이 도살장으로 끌려가는 소처럼 내키지 않는 발걸음으로 민원실 창구를 향해 다가간다.

다짜고짜 "당신 공부하러 온 것 맞아?" 고함치는 출입국관리소 직원 앞에서 겨우 기어 나오는 소리로 "예." 하고 대답한다. "그런데, 몇 년이 지났는데 어떻게 말도 제대로 못하냐?" 이어지는 다그침엔 묵묵부답이다. 결국, 그는 출국을 당하는 신세가 되었다. 비자 연장이 안 된다는 결정을 받은 그는 고개를 푹 숙인 채 절망스러운 표정으로 돌아섰다. 금방 눈물이 글썽해졌다. 그리곤 모든 것을 체념한 듯 동료들이 있는 곳으로 다가간다.

주변에 있던 사람들이 우르르 그에게 모여든다. 거의 비슷한 처지의 사람들인 것 같다. 별 뾰족한 수가 없음에도 각자가 준비해온 서류를 들춰보며 뭔가를 다시 확인하고 있다. 이어서 누군가의 이름이 불리면, 또 다른 한 사람이 수심이 가득한 기색으로 출입국관리소 직원 앞으로 나아간다. 역시나 한바탕 야단을 맞고 언제까지 출국하라는 통보를 받았다.

한데, 출입국관리소 한편에는 희희낙락하는 무리가 있다. 피부가 희고 노랑머리에 영어를 사용하는 사람들이다. 그들도 역시 비자 연장을 위해서 왔건만 검은 피부에 영어가 아닌 언어를 사용하는 사람들과는 대조적이다. 그들은 호명과 함께 관리소 직원에게 나갈 때도 당당하다. 직원이 대하는 태도도 다르다. 경어를 사용하고 공손한 태도로 대한다. 그들 역시 일본어를 제대로 구사하지 못하는데 왜 말을 못하는지 다그치지 않는다. 대답하는 태도도 공손하지 않다. 하지만 직원은 개의치 않는다. 오히려 친절하게 안내한다.

똑같은 사람이건만 본국이 잘사는 나라의 사람들과 가난한 나라의 사람들이 외국에서 당하는 일이다. 똑같이 돈을 벌기 위해서 장기체류를 할지라도 대하는 태도가 다르다.

일본에서 유학생활을 하면서 출입국관소에서 경험했던 장면을 잠시 머리에 떠올린다. 개인이 어떤 사람인 것과 관계없이, 그 사람의 국적에 따라서 평가되는 현장에서 자신은 아무것도 아니라는 경험을 해야 했다. 동남 아시아의 여러 나라에서 돈을 벌기 위한 목적으로 입국하려면 장기 체류를 위한 비자가 필요하다. 때문에 비교적

유리한 유학생 비자를 받아서 들어왔지만 사실상 공부는 하지 않는 경우가 많았다. 그렇게 일을 하다 보니 비자를 연장해야 할 때가 되면, 이러한 진풍경이 출입국관리소 안에서 벌어지게 되는 것이다.

나도 유학생의 신분으로 가끔 출입국관리소를 가야 했다. 집에라도 왔다 가려면 재입국허가를 받아야 하기 때문에 필수적인 일이었다. 출입국관리소에서 접하게 되는 상황은 가끔 당황스럽기까지 하다. 당장 추방을 당하면 어떻게 하나 하는 걱정에 초죽음이 된 사람들이 자신의 이름이 불리기까지 기다리고 있는 모습은 긴장과 근심이 가득했다. 체류자격을 얻지 못하면, 그 순간 출국해야 한다는 생각은 그들의 인생에 있어서 결정적일 수 있기에 그들의 모습에는 처참함까지 보였다.

당시 나는 한국이라는 특별한 관계에 있는 나라의 국적을 가지고 있기에 딱히 어느 쪽도 아니라고 생각했다. 하지만 여전히 서양 사람들의 모습과는 대비되는 것을 스스로 느낄 수밖에 없었다. 그래서 두 모습을 모두 볼 수 있고 느낄 수 있었는지 모른다.

"외국에 살면 모두 애국자가 된다."라는 말이 있다. 외국에서 일정한 체류자격을 완전하게 얻기까지는 말이나 행동조차 자유롭지 않다. 조국에 대해서 깊은 생각을 하지 않았던 사람들도 외국 생활을 하다 보면 자연스럽게 조국이 잘살아야 한다는 것을 피부로 느끼게 된다. 조국에서 들려오는 소식이 좋은 것일 때는 괜스레 기분이 좋고 자랑스럽게 이야기하게 된다. 누가 그렇게 하라고 하지 않아도 조국에 대한 자랑을 늘어놓는다. 다른 사람들이 들을 때는 당연한 것이고, 별로 흥미롭지 못한 것임에도 열변을 토하는 모습이 어린 아이 같아진다.

나의 일본에서의 유학생활은 '88 서울올림픽 직후였다. 재일동포들은 올림픽이 조국에서 열렸다는 것만으로도 굉장한 자긍심을 가질 수 있었다. 돌이켜보면 '88 서울올림픽이 열릴 수 있었던 것은 재일동포들이 거금의 모금운동을 통해서 지원을 했기 때문이라는 것을 아는 사람들은 다 안다. 그럼에도 국내에서는 이 내용을 잘 모르는 것 같아서 아쉽다. 그러면 그들은 왜 올림픽을 조국에서 할 수 있도록 돕지 않으면 안 되었을까. 조국이 잘살고, 조국이 잘돼야 자신들의 신분과 위치를 인정받을 수 있다는 것을 몸으로 체험하고 있었기 때문이다. 해서 그들은 거금을 모아 올림픽을 성공시키기 원했던 것이다.

출입국관리소에서 직원들이 대하는 태도로 내 나라가 어떤 나라인지를 느끼게 될 때의 심정은 형용하기 어렵다. 나도 당당할 수만 없었기에 약자의 느낌을 떨쳐버릴 수 없었던 기억이다. 방학이면 늘 집에 오곤 했기에 출입국관리소 직원이 내 얼굴을 기억하고 있었다. 하지만, 그 앞에 설 때면 언제나 조심스러운 마음이었다.

흑과 백은 함께 있어 아름다운 것이며, 그 존재의 조화로움과 멋을 더한다. 대칭이나 다른 것을 인정하기에 자신도 아름다운 것 아니겠는가. 그럼에도 흑黑만이어야 하거나 백白만이어야 한다는 가치관이 스스로를 얽매이게 하는 인간의 모습을 어찌 어리석다 하지 않을까. 만물의 영장이라고 하면서도 이기심에 매여 자신을 보지 못한다면 과연 진정한 아름다움을 누릴 수 있을 것인가?

국사봉의 산자고

황해를 가슴으로 품고 홀로 선 국사봉은 언제나 외롭다. 이제는 연륙교가 놓여 찾아드는 사람들도 많건만 국사봉엔 관심이 없는가. 몰아치는 삭풍을 온몸으로 막고 있는 영흥도의 최고봉은 오늘도 외로이 떨고 있다.

봉우리 북쪽 자락, 아직 모래가 되지 못한 채 버림받은 모양으로 너부러져있는 자갈밭엔 그나마 사람들이 찾아들건만 울창한 숲도, 기괴한 바위도 없는 밋밋한 봉우리이기에 매력을 느끼지 못하는가. 쓸쓸하기만 한 봉우리엔 찾는 이가 없다. 겨우내 휘몰아치는 바람만이 국사봉을 찾는다.

2월의 마지막 날 영흥도 바닷바람은 아직 매섭다. 봄기운이 숨겨져 있기는 하나 아직 얼굴을 내밀지 못한 채 삭풍의 위력에 숨도 못 쉬는 몰골이다. 겨울용 파카를 입고도 깃 속 깊이 얼굴을 묻고,

방한용 장갑까지 꼈으나 겨우내 성엣장을 만들고도 남은 삭풍의 심술은 비수가 되어 온몸을 파고든다.

한 지인으로부터 그곳에 봄의 전령 산자고山慈姑가 서식한다는 소식을 듣고 찾아 나선 참이다. 일행과 함께 나섰지만, 정작 산자고가 어디에 서식하고 있는지는 안내하는 나도 모른다. 단지 이곳에 서식지가 있다고 알려준 사람의 말에 의존해서 산을 찾았을 뿐이다. 등성이에 오르자 모든 것을 날려버릴 듯 매서운 기세로 바람이 몰아친다. 숨쉬기조차 버겁다. 모자를 뒤집어쓴 채 두 눈만 빠끔히 내밀고 가쁜 숨을 몰아쉬며 오른다.

이렇게 추운 겨울 끝자락에 산자고가 꽃을 피운다는 것이 가당한 일인가. 혼잣말로 중얼거리며 바람과 싸우면서 국사봉 정상을 향해 발걸음을 옮겼다. 봉우리를 향한 발걸음은 평소에 운동을 하지 않은 탓인가 힘에 겹다. 턱까지 차오는 숨이 몇 번이고 멈추기를 반복하게 한다. 바람을 등진 채 잠시 숨을 고르지만 몸을 숨길 수 있는 곳이 없다. 작은 소나무라도 있으면 몸을 좀 숨기고 싶건만, 그럴만한 곳도 없다.

어렵게 국사봉 정상에 올랐다. 숨을 가다듬기도 전에 내 눈은 산자고를 찾고 있었다. 어디도 녀석들이 보이지 않았다. 하는 수 없이 그곳을 알려준 지인에게 전화를 걸었다. 그의 말에 따라 주변을 다시 살폈다. 일행을 잠시 쉬게 하면서 나는 그들에게 말했던 산자고를 찾아야 했다.

무릎을 꿇고 엎드린 채 쌓인 낙엽을 헤집어가며 보물을 찾듯 조심스럽게 살폈다. 그때 내 눈을 번쩍 뜨게 하는 산자고의 자태가 눈앞에 나타났다. 신비롭기까지 했다. 청순하고 수줍은 모습이다.

가냘픈 잎을 내민 채 아직 삭풍이 두려워서인지 낙엽을 덮어쓰고 있다.

녀석의 모습을 보는 순간 심장이 뛰고 손끝이 떨렸다. 낙엽을 치우던 손길은 더 이상 움직일 수 없었다. 녀석들은 거기서 오롯이 꽃봉오리를 준비하고 있었다. 왜소하고 가냘픈 모습은 경건하게 보이기까지 했다. 겨울 파카를 입고도 추위와 싸우며 겨우 올라왔건만, 녀석들은 겨우 낙엽 한 장 달랑 덮고 온몸으로 삭풍을 견디고 있었다.

그럼에도 당당하기만 하다. 대지가 아직 동면에서 깨어나지 않았고, 모두가 추위에 움츠리고 있건만, 녀석들은 동토凍土를 비집고 나와 이른 봄소식을 전하고 있었다.

아무도 보아주는 이 없건만 오롯이 자리하고 있는 산자고. 그 한 촉을 발견하고 잠시 감격에 멈칫거려야만 했다. 다시 주변의 낙엽을 헤치니 전해들은 대로 그곳은 산자고의 군락지였다. 보이지 않기에 저벅거리고 오갔던 곳이 모두 녀석들이 서식하는 곳이었다. 모르고 지나친 곳엔 이미 밟힌 채로 누워있는 녀석도 있다. 저미듯 아픈 마음을 어찌할 수 없었다. 눈을 뜨고도 녀석들을 보지 못한 탓이다. 볼 수 있는 마음의 준비를 하지 못한 때문일까. 아니 녀석들에 대한 관심이 적었기 때문이리라. 미안한 마음에 잠시 멍하게 서 있을 수밖에 없었다.

나의 그러한 몰골을 측은하게 지켜보고 있던 일행을 불렀다. 추운데 여긴 왜 오자고 해서 고생을 시키나 하는 원망스러운 눈으로 지켜보던 그들은 예상대로 의아해하는 눈치다. 이런 곳에 무슨 꽃이 있다고 하는지 여전히 믿지 못하겠다는 표정이다. 일행은 나의 진지한 목소리와 몸짓에 의아해할 뿐이다.

"발밑을 조심해요! 살피지 않으면 밟으니까!" 나직하지만 단호한 어조로 일행에게 주의를 주었다. 믿지 못하겠다는 듯한 표정을 지으면서도 평소에 했던 말을 기억하는 듯 조심스럽게 발밑을 살피며 다가왔다. 그리고 내 손가락이 가리키는 곳에 눈이 모였다. "와~! 정말이네!" 탄성과 함께 그때서야 "이름이 뭐예요?" 한다. 눈으로 보면서도 믿기지 않는 모양이다. 아직 대지가 얼어있건만 어떻게 이리도 아름다운 꽃을 피우고 있는지 믿을 수 없다는 표정이 역력했다.

이른 계절에 피는 꽃들은 작지만 더 아름답다. 화사한 봄날의 꽃들과는 다르다. 녀석들은 보이지 않는 곳에 오롯이 자리한 채 찬바람을 맞으며 외롭게 꽃을 피운다. 대부분 다년생 초본식물들로서 키가 작다. 때문에 일부러 찾아가는 사람들만이 볼 수 있는 기회를 허락받는다. 결코 지나는 길에서 쉽게 볼 수 없다. 녀석들을 보기 위해서는 수고로운 발걸음이 있어야 한다. 찬바람을 마다하지 않고 찾아가는 사람들만 볼 수 있다. 해서 녀석들은 더 고고한 모습을 하고 있는 것인지 모른다.

그래서인가. 오늘 만난 국사봉의 산자고는 고고하기만 한 것이.

숭어

아침 8시 인천 남항부두에서 객선에 몸을 실었다. 우리 일행을 실은 배가 2시간 남짓 인천 앞바다를 달려 도착한 곳은 대이작도 앞에 있는 풀등이다. 일행 모두가 풀등에 내린 다음, 진행자가 일정에 대한 설명을 했다. 나는 그때서야 그곳에 온 까닭을 알게 되었다. 일행은 행사에 참여한 사람들이고 나는 진행상 필요한 통역 도우미로 부탁을 받고 참여한 터인데 사전에 자세한 안내를 받지 못한 상태였다.

설명이 끝나자마자 후릿그물을 실은 작은 배가 바다로 나가 그물을 길게 늘어뜨렸다. 100여 미터나 되는 긴 그물을 끌고 나가며 깊은 물에 드리웠다. 그리곤 50여 명의 사람이 나뉘어 양쪽에서 그물을 잡아당기기 시작했다. 풀등에서의 후릿그물질은 모두가 처음이었다. 호기심이 뛰어들게 한 것일까. 사람들은 모두 발을 벗고 달려

들어 그물을 당기기 시작했다. 그물 크기에 비해서 많은 사람들이 끌어당겨서인지 그리 어렵지 않게 그물은 풀등 위로 올려졌다.

그 순간 모두가 실망한 표정이 역력했다. 아무것도 잡히지 않았기 때문이다. 어떤 고기가 잡힐지는 모르지만 모두 기대가 컸던 모양이다. 그때, 누군가가 “숭어다!” 하는 외마디에 사람들은 우르르 몰려들었다. 늙수그레한 한 남자가 두 손을 높이 쳐들면서 소리를 지르고 있었다. 그의 손에는 통통하게 살이 오른 숭어 한 마리가 들려있었다. 50여 명이 달라붙어 끌어올린 후릿그물에 달랑 한 마리의 숭어가 잡힌 것이다. 노인은 잡은 숭어를 들고 내 앞으로 달려왔다. 그리고 숭어에 대해서 설명을 했다. 걸쭉한 그의 입담은 사람들의 이목을 집중시키기에 충분했다.

겨우 한 번 그물질을 했을 뿐인데 바닷물이 들기 시작했다. 아쉬움에 사람들은 풀등을 떠나지 못했다. 한 번 더 그물을 끌어보기를 원했지만 이미 풀등에 물이 차오르기 시작한 것이다. 궁여지책이지만 본섬으로 옮겨 보트를 이용해서 다른 곳에 그물을 내렸고, 사람들은 그곳에서 다시 그물을 끌기 시작했다. 하지만 이번 그물엔 난 한 마리도 들지 않았다. 모두가 허탈한 표정이다. 하나, 어찌하겠는가. 바다의 생명체들도 생존을 위해서는 사람으로부터 도망쳐야만 하는 것은 필연인 것을.

일행은 점심을 먹기 위해서 숙소인 한 펜션으로 향했다. 그곳엔 이미 점심이 준비되어있었다. 행사를 진행하는 사람들이 사전에 이곳을 답사하여 체험 프로그램으로 후릿그물질을 준비했던 것이란다.

마당에 있는 정자에 특별히 상이 차려졌다. 그때였다. 풀등에서 숭어를 들고 뛰어왔던 노인이 어느샌가 회를 떠 접시에 담아서 들고 왔다. 그리곤 한참이나 숭어회에 대한 예찬을 했다. 그의 너스레는 사람들에게 그의 손에 들려있는 숭어회로 집중시켰다. 이야기를 듣고 있는 사람들 입가에는 침이 도는 듯했다.

그러나 외국인들은 놀란 표정이 역력했다. 상하지 않았을까 하는 걱정과 위생적으로 회를 떴는지도 걱정인 모양이다. '소 닭 쳐다보듯' 하고 있는 외국인들의 마음을 읽었는가. 회를 떠온 노인은 제주도에서 행사에 참여하기 위해 온 어부라고 자신을 소개했다. 그는 외국인에게 호의를 베풀겠다는 심산으로 회까지 떠서 가져왔지만, 그것을 받는 입장에서는 여간 난감한 것이 아니었다.

당연히 외국인들은 거부했다. 비록 회를 먹을 줄 안다고 할지라도 수십 명이 그물을 끌어서 잡은 달랑 한 마리의 숭어였는데, 그것을 먹겠다는 것도 쉽지 않았으리라. 하지만 노인은 막무가내였다. 맛있으니 먹으라는 것이다. 그러면서 정작 본인도 한 점도 먹지 않았다. 노인의 입장에서는 먹고 싶지만 외국인들을 위해서 양보하겠다는 것이다.

숭어회 몇 점을 놓고 씨름을 하다가 결국 노인이 먼저 한 점을 먹는 시범을 보였다. 그리고 다시 먹을 것을 권했다. 어쩔 수 없다는 듯, 한 외국인이 한 점을 들고 고추장을 찍어서 입으로 가져갔다. 모험을 하겠다는 말과 함께 한 점을 입에 넣은 그는 긴장과 약간의 두려움을 느끼면서 씹기 시작했다. 잠시 후 그의 표정은 조금씩 밝아지기 시작했다. 조금 전에 두려움을 보였던 표정은 어디론가 사라졌다.

그리고 놀란 표정을 지으며 "맛있네!"를 연발했다. 아마 자신도 상상하지 못했던 맛이 느껴졌던 모양이다. 그의 표정은 환하게 밝아졌다. 그리고 다른 동료들에게 먹어볼 것을 권했다. 함께한 외국인들도 한 점씩 먹어보기로 했다. 그러나 젓가락이 떨리는 것 같았다. 집어 들긴 했는데 입에 넣지 못한 채 망설이고 있다. 그렇게 한 점씩 먹기 시작하니 이내 빈 접시만 남았다.

50여 명이 지켜보는 가운데 잡힌 단 한 마리의 숭어. 자신의 의지와는 아무런 관계없이 한 인간의 손에 잡혀 몇 점의 회로 저며져 식탁에 올라 사람들의 구미를 높이는 기쁨을 주고 산화했다. 비록 한국 땅에서 잡혔지만 외국인들의 입맛까지 챙겼으니 그것으로 위로를 받으라면 인간의 이기심을 합리화하는 것일까.

그렇게 한 마리의 숭어는 여러 사람을 기쁘게 하고 산화했다. 노인의 손에 잡혀서 몇 번인가 몸부림치다 이내 축 늘어진 몰골로 꼼짝도 못하고 있던 숭어. 여러 사람에게 환호할 수 있는 기회도 주었고, 끝내는 회로 저며져 자신의 모든 것을 내어주었다. 비록 모두의 입을 만족시켜주지는 못했지만 어차피 인간의 식욕을 채울 수 없는 것 아니던가. 어쩌면 누구에게도 기억되지 않을 것이나 녀석은 적어도 자신의 존재를 사람들에게 각인시켰다.

노인의 손에 들렸던 숭어의 모습이 잔상으로 남는다.

솜나물

낯선 이름이다. 녀석은 봄날, 양지바른 곳에 오롯이 피어 찾는 이들의 마음을 설레게 하는 귀한 우리 꽃이다. 키 작은 초본식물이고, 꽃마저도 크지 않기에 지나는 사람들의 눈길을 사로잡기에는 역부족이다. 혹여 이름마저 낯설어서일까. 사람들의 이목을 끌지 못하는 것이.

솜나물은 태생적 수줍음 때문에 사람들에게 성큼 다가와 내보이지는 못하지만 관심만 가지면 쉽게 만날 수 있는 녀석이다. 꼭꼭 숨어있는 성질이 아니다. 햇볕을 유난히 좋아하는지라 양지바른 곳에 자리하고 있다. 게다가 무리지어 있기를 좋아하기에 무심코 지나치지만 않는다면 녀석들의 다소곳한 아름다움을 만날 수 있다.

솜나물은 잎과 줄기에 뽀송한 솜털을 예쁘게 치장하고 있다. 이름에서 느낄 수 있는 것처럼 솜털을 많이 가지고 있는 녀석이다. 우리나라 식물들 가운데 솜털을 가지고 있는 경우가 많은 것은 아니지만 그렇다고 보기 힘든 것도 아니다. 잘 알려진 에델바이스 Edelweiss는 우리나라 '솜다리'와 매우 흡사하다. 솜다리는 꽃잎까지 솜털로 치장하고 있다. 그에 비해서 솜나물은 잎과 꽃대에 솜털을 달고 있으나 꽃잎은 일반 꽃과 같다.

숲 사이로 내리는 봄 햇살에 녀석이 매혹적인 자태를 뽐내고 있다. 어쩌다 녀석을 발견한 한 길손은 발걸음을 멈춘 채 그 아름다움에 매료되어 미동도 못하고 있다. 햇살에 청순한 자태를 드러내고 있는 것을 보는 순간 녀석으로부터 눈을 뗄 수가 없었던 게다. 비록 몸집은 작지만 청순하고 풋풋한 자태는 봄날의 요정이다. 녀석을 발견한 사람은 설렘으로 시간을 보낸다. 그 아름다움을 발견한 길손은 발걸음을 기어이 멈추고야 만다.

그러나 대부분의 사람들은 분주하기만 하다. 곁눈조차 주지 않고 무엇 때문인지 부지런히 앞을 향해 걷기만 한다. 시간을 내어 봄을 맞으려 예까지 나왔으련만 주변을 돌아볼 여유가 없어 보인다. 쉼마저 누리지 못한 채 경쟁이나 하듯 앞으로 내닫기만 한다. 일행과 수다에 몰입한 사람들은 주변이 뵈지 않는 것일까. 깔깔호호, 자지러지는 웃음소리만 요란하다. 봄나들이에 뜻을 같이한 이들이 삼삼오오 대칭호의 산책로를 걷고 있다. 하지만 무엇엔가 홀린 듯 주변을 살필 수 있는 여유는 없어 보인다.

많은 사람들이 지나건만 양지에 다소곳이 자리하고 있는 녀석에겐 눈길을 주는 사람이 드물다. 지나는 길에 힐끔 눈길 한 번만 주더라도 녀석의 아름다움을 누릴 수 있으련만 예까지 나왔으나 마음은 다른 곳에 있는 것일까. 특별한 곳에 숨어있는 것도 아니고 산책로 주변 햇살이 내리는 곳에 오롯이 자리하고 있는데 말이다. 녀석들은 상춘객들의 눈도장이라도 받기를 원하건만 지나는 이들은 무심하기만 하다. 크고 화려한 꽃에 마음을 빼앗겨서일까. 녀석에겐 관심조차 없다.

봄이 오는 날이면 봄맞이를 간다고 법석이다. 매화, 벚꽃, 진달래를 찾아 나선다. 멀리 진해로, 경주로, 하동으로, 경포로, 그리고 강화도로 북적거리며 몰려간다. 모두 같은 마음 때문일까. 몰려가는 곳도 같은 것이. 마음먹고 찾은 곳이련만 인파 때문에 찾아간 목적은 뒷전이고 무엇을 먹을까, 2차는 어디로 갈까, 정작 찾아간 꽃에는 관심이 없는 것 같다. 아니, 그것은 인증사진으로 족한 것인지도 모른다.

봄을 맞으러 나섰건만 봄은 안중에 없고 욕구를 채우기에 분주할 뿐이다. 저마다 내뱉는 말에 웃음소리만 남길 뿐 주변을 돌아볼 수 있는 여유는 없는 게다. 지나는 사람에게 배려할 수 있는 여유도 없다. 아랑곳하지 않고 저마다의 열심히 걷고 있을 뿐이다. 그래도 시간을 낼 수 있을 만큼의 여유를 가진 사람들이련만 그들에겐 낮은 곳에 찾아온 봄은 보이지 않는 게다.

대청호의 봄은 그리 화려하지도 않고, 겨우 세 치도 안 되는 작은 솜나물과 함께 와있다. 무심코 지난다면 눈에 띄지도 않을 만큼 작은 키의 솜나물이지만 녀석은 봄을 가득 이고 있다. 천성이 나대지 못하는 성격이기에 지나는 길손을 불러 세우지 못한다. 그러한 탓에 녀석은 쓸쓸하기까지 한 몰골로 봄날의 내리는 햇살을 외롭게 받고 있다.

바람이 심상치 않다. 봄이 지나는 것일까. 반소매 옷을 입어야 할 만큼 더운 날씨에 솜나물은 수줍게 고개를 떨군다. 봄이 오는 길목, 대청호 솜나물의 작은 꽃잎이 자신을 돌아보라 한다. 봄을 맞으러 나왔건만 정작 봄을 외면하는 상춘객들에게 자신을 보라 한다. 크고 화려한 것만 찾고 있는 이들에게 작지만 진정한 아름다움이 어디에 있는지 살피라 한다.

맹꽁이가 우는 까닭은?

지금 살고 있는 곳으로 처음 이사를 왔을 때다. 비가 내리는 날이면 개구리와 맹꽁이들이 우는 소리가 공해로 느껴질 만큼 시끄러웠다. 그런데 해를 거듭할수록 녀석들의 터전을 인간이 야금야금 잠식해갔다. 이제는 논과 습지가 모두 사라졌다. 대신 그곳엔 시설물들이 들어섰다. 이젠 더 이상 녀석들이 서식할 수 있는 환경이 아니다.

언제부터인가, 사람들의 의식에서 녀석들이 사라졌다. 의식하지 못하는 가운데 녀석들의 존재가 잊힌 것이다. 나도 예외가 아니다. 여름이 오는 길목에서 늘 들었던 녀석들의 울음소리건만 언제부턴가 들리지 않았음에도 무심하게 지나쳤다.

한데 오늘 어디선가 그들이 우는 소리가 들려왔다. 나는 귀를 의심하면서 베란다의 문을 열었다. '정말 녀석들이 살아 있는 것일까?

아니면 내가 잘못 들은 것일까?' 다급하게 아내를 불렀다. 내가 잘못 들었을지도 모른다는 생각에서다. 급하게 부르는 소리에 아내는 무슨 일이 난 줄 알고 놀란 눈으로 뛰어나왔다. "내가 잘못 들은 것 아니지? 저것 맹꽁이 소리가 맞지?" 너무나 진진하게 다그쳐 묻는 내게 실망한 듯 시큰둥하다. 아내는 채근하는 나의 성화에 잠시 귀를 기울이더니 고개를 끄덕이곤 이내 종종걸음으로 부엌으로 돌아갔다.

긴 가뭄 끝에 비가 내리는 밤. 봄내 한 번도 울지 못했던 맹꽁이 몇 마리가 울고 있다. 해갈에는 턱없이 부족한 강수량이지만 사라진 습지 대신 흙속 어딘가에서 비가 오기만을 기다리던 녀석들이 본능적으로 깨어나 감격하여 울고 있다.

금년 봄은 유난히 가물었다. 세기世紀적 기록이라고 할 만큼 가뭄이 심각했다. 물이 말라서 유충이 자랄 수 없기 때문에 모기조차 없다는 소식이 들려올 정도다. 그만큼 가뭄이 심각했다는 것이리라. 곤충들이 알을 낳고 부화할 수 있는 물웅덩이가 말랐기 때문에 익충이든 해충이든 없다고 한다.

한 텔레비전 프로그램을 통해서 물이 없는 조건에 살고 있는 생명들이 어떻게 생존하는지를 기록한 다큐멘터리를 본 적이 있다. 아프리카의 극심한 가뭄지역에서 생명체들이 종족을 번식시키는 장면은 경이로운 것이었다. 절대가뭄의 상황에서 다음 세대를 잇기 위한 생명들의 본능적 몸부림은 눈물 없이는 보기 힘들만큼 처절한 것이었다. 하지만 그러한 환경에서도 생명체들은 경이롭게 살아갔다. 결코 환경이 굴복시키지 못한다는 것을 보란 듯 살아남아 다음 세대를 이어가고 있었다.

식물들의 경우도 다르지 않았다. 결코 생존할 수 없다고 생각되는 메마른 대지에 어느 날 잠깐이라도 비가 내리면 습기가 있는 짧은 기간 동안 온갖 씨앗들이 깊은 잠에서 깨어나 서둘러 싹을 틔우고 꽃을 피워 종족을 번식시킨다.

생명이 존재할 수 없는 건조한 곳이지만 비가 내리는 순간 생명들이 깨어나는 것은 경이로움 그 자체다. 그야말로 기적이다. 어떤 생명체도 살 수 없을 것 같은데…. 생명력이 놀라울 뿐이다. 악어나 물고기들, 곤충들도 성체로 혹은 알로 마치 겨울잠을 자듯이 건기 동안에는 흙속에서 동면상태로 있다가 비가 오면 깨어나 종족을 번식시켜 생명을 이어가고 있었다. 종족을 이어가려는 생명들의 본능적 행동은 그 자체가 기적이다.

맹꽁이들도 다르지 않았을 것이다. 습지가 없어진 상태에서 오랜 가뭄 끝에 내리는 단비가 녀석들을 깨운 것이리라. 짝을 찾아야 하고, 물웅덩이가 있을 때 알을 낳아야 하니 서둘러야 했을 것이다. 그래서인가 녀석들은 자정을 넘긴 이 시간까지 쉬지 않고 울고 있다. 생존과 종족번식은 포기할 수 없는 것이기에 결코 잠을 이룰 수 없는 게다. 저들의 울음은 절박함을 담은 외침인지 모른다. 마지막 기회일지 모른다는 생각에 절규하는 소리인지 모른다.

인간에 의해서 사지死地로 내몰리면서도 녀석들은 어떻게 해서든지 살아남아야 한다는 본능에 충실하고 있는 것이리라. 비가 내리는 동안, 어딘가 조금 고인 물웅덩이에 모여들어 서로를 부르고 있는 게다. 인간들에 의해 서식지를 완전히 빼앗기고 더 이상 소망이 없을지라도 종족을 잇도록 해야 한다는 마지막 사명을 위한 몸부림을 밤새 이어가고 있는 것이리라.

그럼에도 내게는 그들의 울음소리가 노래로 들리는 것은 왜일까. 생존을 위한 절규일지라도 봄의 끝자락에 들려오는 녀석들의 울음소리는 분명 추억의 소리고, 비 오는 날의 정취이기 때문이 아닐까.

인간의 이중성이 이런 것 아닐지. 자신의 책임은 다하지 않은 채 이기적으로만 느끼고 생각하는 것 말이다. 말 못하는 미물들을 생사의 갈림길에서 절규하게 만들어놓고 여전히 자신의 추억과 낭만을 말하는 것이 과연 가능한 것인지. 애써 외면하지만 두 마음은 사실이 아니던가.

이 밤, 인간의 이기심 때문에 속절없이 울고 있는 맹꽁이들이 애처롭다. 저렇게 우는 것도 마지막일지 모를 일이니 더 애달프다. 그러나 정겨운 소리이기에 기억에 남기고 싶은 것도 어쩔 수 없다면 지나치게 이중적인 것일까.

설산투쟁 雪山鬪爭

겨울의 품에 안기고 싶어 행장을 챙겨 길을 나섰다. 목적지에 도착해 차에서 내리는 순간 나를 기다리고 있는 계방산은 두꺼운 눈을 덮은 채 깊은 겨울을 품고 있었다. 생명의 기운을 느끼지 못할 만큼 차갑다. 유난히 춥고 눈이 많았던 때문일까, 눈이 깊다. 하지만 멀리 능선에서 능선으로 이어지는 설산의 자태는 어서 그 품에 안기고 싶은 마음에 설레게 한다.

부지런한 사람들이 열어준 눈길을 따라서 오르기 시작했다. 발걸음이 쉽지 않았다. 시간이 지날수록 발걸음이 무거워졌다. 오랜만의 등산은 벅찼다. 얼마나 올랐을까, 숨이 차서 더 이상 걷는 것은 무리라고 느낄 무렵 삭풍을 온몸으로 맞고 있는 큰 소나무에 잠시 기대어 쉼을 얻어야 했다.

그때였다. 무엇인가 눈앞을 휙! 지나친다. 헛것을 보았나 했지만 다시 살피니 동고비 한 마리가 눈앞에서 어른거리고 있는 것이 아닌가. 한겨울 눈 덮인 산에서 먹이를 찾을 수 없는 녀석은 사람을 만나자 먹이를 구하고 있는 게다. 겨울산행에서 자주 만나는 전경이다. 주섬주섬 주머니를 뒤져서 과자부스러기를 손바닥에 올려놓았다. 녀석은 안절부절 망설이면서 눈치를 보더니만 포기할 수 없었던 게다. 얼마나 굶주렸으면 두려움을 느끼면서도 폴짝 날아와 한 입 물고는 나뭇가지로 줄행랑을 쳤다.

녀석이 먹이를 보는 순간 좋아서 자기도 모르게 소리를 친 때문일까. 주변 어딘가에서 먹이를 찾고 있던 박새 한 마리가 날아와 동참했다. 두 녀석들의 울음소리에 또 다른 새, 곤줄박이를 불러들였다. 세 마리가 모여서 내 손바닥에 있는 과자부스러기를 차지하기 위해서 경쟁을 벌이는 상황이 되었다. 제일 먼저 왔던 동고비는 이내 먹어치우고 다시 다가왔다. 그런데 내 손에는 이미 박새가 앉아 있었다. 그러나 동고비는 거침없이 날아들었다. 그러자 박새는 줄행랑을 쳤다. 동고비는 재빠르게 과자부스러기를 입에 물고 다시 나뭇가지로 옮겨갔다.

그러던 중 곤줄박이가 다시 덤벼들었다. 녀석이 날아오자 동고비도, 박새도 근접하지 못한 채 나뭇가지에서 속을 태우고 있다. 결국 손바닥은 곤줄박이의 차지가 되고 말았다. 녀석도 먹이에 대한 욕심은 있지만 사람의 손바닥 위에 머무는 것은 두려운 게다. 먹이를 문 채 다시 나뭇가지로 옮겨갔다. 그 사이에 동고비가 잽싸게 다가왔다. 손바닥에 발을 딛지도 못하고 먹이만 물고 다시 날아간다. 동고비가 날아드는 것을 본 곤줄박이가 돌진해 오기 때문이다. 그러는 사이에 박새는 애만 탄다. 감히 날아들지는 못하고 주변을 맴돈다. 그러다 틈이 생기면 순간적으로 날아들어 제몫을 겨우 챙겼다.

그러한 숨바꼭질을 하는 동안 손바닥의 과자부스러기는 줄어들었다. 그리고 이내 바닥이 났다. 녀석들은 더 이상 다가오지 않았다. 주변 나뭇가지에 앉아 빈 손바닥을 주시하고 있을 뿐이다. 얼마나 기다려도 더 이상 먹이를 얻을 수 없다는 것을 안 곤줄박이가 먼저 자리를 떴다. 이어서 동고비, 그리고 조금밖에 챙기지 못한 박새도 아쉬운 표정으로 어디론가 떠났다.

설산에서 만난 녀석들이 보여주는 생존경쟁은 치열했다. 그것이 생태계의 질서인 것도 깨닫게 했다. 그것이 생존을 위한 것임도 분명했다. 그러나 녀석들의 행동을 아름답다고 하기에는 너무나 절박했고, 질서라고 하기에는 약자인 박새가 너무 안쓰러웠다.

살아남기 위해서는 어떻게든 먹이를 차지해야 하기에 두렵기만 한 인간의 손바닥으로 날아들어야 했던 녀석들. 먹잇감이 다 없어지기 전에 한 번이라도 더 차지하기 위해 상대를 물리쳐야 했다. 녀석들은 인간에 대한 두려움도 뒤로하고 오직 먹이에만 집착하고 덤벼들었다. 녀석들의 행동은 오직 먹이를 얻기 위한 것이지 할 일 없이 춤을 추고 노래하고 있는 것이 아니었다.

평소에는 아름답게만 보였던 녀석들인데 생존경쟁을 위해서 돌진하는 행동은 나를 당황하게 했다. 아니 감상적으로만 보았던 자기중심적 시야가 어리석었음을 고백하게 했다. 녀석들 사회에 현존하는 생존경쟁을 위한 서열은 누가 인정하는 것과 관계없이 처절한 것이었다. 그것은 생명을 담보로 경쟁하는 것이기에 양보란 있을 수 없다. 어떻게 해서든지 먹이를 차지해야만 하기에 오금이 저려도 먹이를 향해서 돌진해야 했다.

자신을 돌아본다. 인간을 바라본다. 과연 인간은 녀석들과 무엇이 다른가? 만일 내가 그 상황이라면 내가 할 수 있는 행동은 어떤 것이었을까? 어쩌면 녀석들보다 더 비겁한 행동은 하지 않았을까? 그래도 녀석들은 서열을 인정하고 인간보다는 순수하게 경쟁을 했다. 한 자리에서 싸우지 않았다. 다른 녀석을 해코지를 하지 않았다. 그저 피했을 뿐이다. 그들이 할 수 있는 정당한 경쟁이었다.

하지만 인간들의 경쟁은 신사적이지 않다. 아니, 겉으로는 신사적인 것처럼 하면서 다른 사람을 절규하게 만든다. 자신이 차지하지 못하면 비겁한 방법으로라도 다른 사람도 차지하지 못하게 하는 것이 인간이 아니던가. 인간은 지혜와 도구를 사용할 수 있기 때문에 다른 사람이 넘보지 못하게 한 번에 다 가져갔을지 모른다.

차라리 녀석들의 경쟁이 비열한 인간의 경쟁보다는 낫다는 생각을 하면서 씁쓸한 마음으로 정상을 향해 발걸음을 옮겼다.

5부

천년의 미美

천년의 미美

바쁘기만 한 발걸음은 복을 빌기 위해서인가. 아니, 잠시 둘러보고 가려는 객들이기에 정해진 시간 때문인가. 혹여 오랜만에 함께하는 이들과 떨쳐버리고 싶은 속세의 이야기에 정신이 팔려 정작 누려야 할 산사의 고요를 지나치는 것일까. 길손들을 맞이하는 산새들의 소리마저 외면하면서 지나는 것은 어찜인가.

긴긴 겨울 얼었던 계곡의 물이 조금씩 녹아 물줄기를 이루는가. 쫄쫄거리는 물소리가 찾아드는 이의 마음을 사로잡는다. 슬그머니 찾아온 봄바람이 생명의 기운을 느끼게 하는 이른 봄날. 대지가 깨어나고 있건만 찾아드는 이들의 표정은 아직 한겨울이다.

화엄사 일주문을 들어서자 지나온 분주한 시간을 잊게 하려는 듯 고즈넉함이 맞아준다. 같은 공간이건만, 그 안과 밖이 달리 느껴지는 것은 왜일까. 인생이란 왜 바쁜지도 모른 채 바빠야 하는 것이런

가. 산사에 찾아드는 사람들이건만 한결같이 고즈넉함을 애써 외면하고픈 것 같은 것은 왜일까.

모든 것을 잠시 내려놓고 싶다. 그러나 산사를 찾아가는 길조차 분주하기만 한 발걸음은 주변을 느끼는 것조차 용납하지 않는 게다. 잠시나마 쉼을 얻으려는 발걸음이 아니던가. 그 분위기가 만들어주는 여유로움에 속세의 짐을 내려놓을 수 있으련만, 그마저 욕慾으로 채우려는가. 고즈넉함이 주는 쉼조차 느낄 수 없는 듯 분주하기만 하니 말이다. 오히려 고즈넉함이 느껴지는 길이 부담스러운 것일까, 바쁘다고만 하는 것 같다.

보제루普濟樓앞에 이르니 오랜 세월 하얗게 바랜 나무기둥들이 발걸음을 사로잡는다. 두어 아름이나 되는 기둥들이 나란히 들보를 받치고, 그 머리엔 맞배지붕을 이고 있다. 아무런 분장도 하지 않은 채 수백 년 세월을 그 자리에서 비바람 이기며 루樓를 이고 있다. 굽은 것은 굽은 대로, 뒤틀린 것은 뒤틀린 대로, 옹이가 크게 박힌 것은 박힌 대로 세월을 간직하고 있다. 육중한 건물을 이고 비바람을 맞고 있기에 쉬 쇠할 것이련만 수백 년 세월을 버거운 듯, 이고 있다.

세월만큼이나 빛바랜 알몸을 드러낸 채 그 자리를 지키려 얼마나 애를 썼는지 주름이 깊다. 밑동은 썩었는가 보목이 채워졌다. 비록 멋을 내지 않았고, 다듬지 않았으나 생긴 대로인 것이 더 아름답다. 규격화된 재목이 아니기에 관심을 끌지 못하는가. 아니, 이제는 부속건물정도로 그 신분이 낮아져서인가, 보제루엔 관심이 없는 듯하다.

보제루는 본래 가르침의 장소다. 하나, 가르침엔 관심이 없는 것일까. 깨달음이 중요한 것이야 말할 나위 없으련만, 사람들은 자신의 복만 찾고 있는 것은 아닐지. 보제루 밑기둥은 그 깨달음을 대신하고 있는 것일까. 보아주는 이 없어도 백골이 되어 섬기는 모습이 귀하다. 아무런 치장도 하지 않은 채 수백 년 동안을 한결같이 찾아드는 사람들을 깨우쳐 섬기는 것일까. 아니 어쩌면 인간이 깨달으려 하지 않으니 대신 깨닫게 하고 있는 것인지 모른다.

목조건물의 아름다움과 멋이 이런 것일까. 생긴 대로 조화롭게 짜 맞춰 지어진 보제루의 멋스러운 모습이 깨달음을 준다. 그 모습이 소박하고 아름답기 그지없다. 비바람, 눈보라를 온몸으로 맞으며 진정한 멋과 아름다움을 긴 세월 속에서 그 몸에 담고 있다.

속인들은 자신이 원하는 대로 깎고, 다듬고, 붙여서 멋과 아름다움을 만들려 한다. 아름다움은 가꾸는 것이 당연한 것이리라. 하나, 헌 옷에 새 천을 대고 깁는다 해서 다른 것이 될 수 없음이랴. 그럼에도 얼굴마저 개조를 한다 하니 그 아름다움이 얼마나 가려는가. 길어야 수십 년 세월이 지나면 늘어지고 처져서 조화롭지 못한 자화상을 보게 될 것이다. 잠시 자신을 만족하게 했던 것으로 보상은 끝이리라. 세월이 지나면 그 무거운 짐은 자신의 몫으로 남겨질 뿐인 것을 어찌하겠는가.

살아서 수백 년, 다시 죽어서 수백 년을 변함없는 모습으로 섬기고 있는 보제루의 기둥들. 자연 그대로의 아름다움이 이런 것일까. 굽은 대로, 뒤틀린 대로, 인고의 세월을 지내며 온몸이 틀 대로 튼 모양을 하고 있으나 그대로가 아름다운 것을 어찌하겠는가. 절집이기에 어울린다 할지 모르나 진정한 멋이 배어나는 것은 부정할 수 없으리라. 화려한 단청과 채색된 기둥들이 웅장한 건물을 세우고 있는 절집과는 비교할 수 없는 멋스러움이 나의 발걸음을 멈추게 한다.

보제루를 받들고 있는 기둥들은 지나는 객의 발걸음을 붙드나 멈추는 이 없어 더 쓸쓸하다. 자기 얼굴을 보란 듯 높이 쳐들어야 알아주는 세상이니 어쩌겠는가. 미동도 하지 않은 채 득도의 경지에 이른 것일까. 보아주는 이 없어도 무심의 경지에서 지나는 이들에게 깨달으라 한다.

고산高山엔 살아서 천년, 죽어서 천년의 주인공이 있다. 주목朱木이다. 죽어서도 생긴 대로의 모습을 지닌 채 마루를 지키고 있다. 잎을 모두 떨구고 앙상한 뼈다귀만 남은 채로 천년을 간다할 만큼 그 변함없는 기품에 감탄하지 않을 수 없음은 주목 앞에 선 자만이 느낄 수 있을 것이다.

고산에 오르는 이들은 그 모습에 한결같이 감탄한다. 어떤 세파에도 꼿꼿이 흐트러짐 없는 모습으로 기품과 절개마저 느끼게 한다. 죽음에 이를 때 걸쳤던 것은 모두 벗어버리고 앙상한 뼈다귀만 남았다. 하나 그 모습이 속되다고, 그 행색이 못났다고 하는 이는 아무도 없다. 걸친 것 하나도 없으나 그 기품에 몸을 조아리게 하는 위엄과 멋을 느끼게 하는 것은 죽음의 길에서도 치장만 하려는 인간의 모습과는 사뭇 다른 것이랴.

세월이 지나는 만큼 벗은 그대로, 생긴 그대로의 아름다움과 멋스러움이 깊어진다. 산수화를 그리는 화가의 부드러운 손놀림도, 그 붓의 움직임도 앙상한 주목의 꼿꼿함을 꺾을 수 없기에 그 기품을 그대로 화폭에 담기에 버겁다. 그 앞에 서면 발걸음이 멈춰진다.

그리고 그 천년의 아름다움에 붙들려 깨달음을 얻는다. 추사의 〈세한도〉가 깨달음을 주는 것처럼.

누가 주목의 행색을 못났다 하랴. 속되다 하랴. 세인들이 한껏 치장하고 자신을 보아달라고 한들 변함이 없는 저 주목의 기품에 이를 수 있을까. 화려한 색상의 온갖 분장을 한들 비바람을 온몸으로 맞고 있는 저 주목의 백골만큼 아름다움을 느끼게 할 수 있을까.

있는 그대로가 가장 아름다운 것이련만 얼굴마저 만드는 세상이니 보제루의 기둥들은 팔자인가. 하면, 인간의 욕慾은 가장 아름다운 것을 아름답다 하지 못하는 어리석음을 자초하는 것이리라. 어떤 치장도 지워질 것이며, 언젠가 스스로 벗어던지고 싶게 될 것이 분명하건만 그대로를 만족할 수 없는 것이 인간의 욕심이던가.

보제루를 이고 있는 기둥은 오늘도 깨달으라 한다.

대장간의 추억

초등학교 시절의 기억이다. 썰매를 만들기 위해서 썰매날이 필요했다. 하지만 재료를 구하기가 쉽지 않았던 시대였다. 주로 함석으로 만든 물초롱 밑에 찌그러지지 않도록 박아놓은 테두리의 얇은 철판을 펴서 사용했지만, 그마저 귀한 것이라 구하기 힘들었다.

어느 해 겨울인가 나만의 썰매를 꼭 만들고 싶었다. 모아놓았던 당시로서는 큰돈 30원을 들고 읍내로 나갔다. 읍내에는 대장간이 있었다. 언젠가 할아버지를 따라 우시장에 갔다가 보아두었던 곳이다. 설레는 마음으로 혼자서 왕복 이십 리가 넘는 길을 걸어서 대장간을 찾아갔다.

그렇게 찾아간 대장간의 대장장이는 청각 장애인이었다. 그 사실을 몰랐던 나는 당황했다. 아저씨는 손짓으로 내 마음을 읽었고, 내가 사고 싶은 것을 골라주었다. 거금 30원을 몽땅 털어서 사고 싶었던 썰매날을 산 기쁨에 가슴이 벅찼다.

하지만 썰매날을 받아든 나는 그 자리를 떠나지 못했다. 대장장이 아저씨의 신기에 가까운 손놀림 때문에 한참이나 넋을 놓아야 했기 때문이다. 아저씨는 내게 받은 30원을 주머니에 넣으시곤 이내 풀무질을 계속하셨다. 그리고 화덕에서 달구어진 쇳조각을 확인하더니 집게로 꺼내들고는 망치질을 하기 시작했다. 그렇게 하기를 몇 번인가 반복하더니 어느새 호미가 만들어졌다. 그러한 아저씨의 손놀림은 나를 그 자리에 꼼짝도 못하고 서 있게 했던 기억이다. 내게는 놀랍고 신기한 것이었다. 그래서인지는 몰라도 그날의 체험은 지금까지도 기억에 생생하다.

그리고 오십 년 가까운 세월이 지났다. 망치와 모루, 풀무, 그것과 함께 있는 작은 화덕, 벌겋게 달구어진 쇳조각, 머리에 수건을 질끈 묶고 분주하게 움직이는 대장장이의 손놀림이 다시 나를 사로잡았다. 구슬땀을 흘리는 대장장이의 모습은 언제나 신실한 기능장의 모습이다. 그의 일하는 모습은 잠시의 흩어진 생각이나 농담조차 용납되지 않기에 거룩함이 느껴지기까지 한다. 그는 정녕 수도자의 모습이다.

오랜만에 대장간 분위기를 경험할 수 있었다. 달라진 것이 있다면 대장장이의 얼굴에 깊어진 주름살뿐. 조수도 없이 혼자서 달구어진 쇠를 다루는 것이 버겁게만 느껴진다. 이제는 그만 쉬어야 할 연세건만 힘겹게 망치를 들고 일하는 대장장이의 모습이 쓸쓸하기만 하다. 그 일을 계승하려는 사람이 없기 때문일까. 머지않아 그가 일을 할 수 없게 되면, 혹여 대장간도 역사 속으로 사라지지 않을까.

혼자서 일하는 그의 모습은 말조차 붙일 수 없다. 달구어진 쇳조각이 식기 전에 만들고 싶은 모양으로 두들기지 않으면 안 되기에 그의 눈과 왼손의 집게, 그리고 오른손의 망치는 모루 위에 집중되어 있다. 부산하게 움직이는 그는 한 차례 모루에서의 씨름을 마친 다음 다시 쇳조각을 도가니에 넣고 풀무질을 한다. 이제 망치질은 전기 해머로, 풀무는 전기모터로 돌릴 수 있으련만 그마저 거부한 까닭은 무엇일까.

신기하기만 했던 대장간이건만 이제는 추억을 만드는 곳으로 겨우 남았다. 어쩌면 대장간의 물건을 사러 오는 사람들도 추억을 먹고 사는 이들이 아닐까. 보기 좋고, 사용하기도 편한 것들이 공장에서 만들어져 나오는데 굳이 대장간을 찾는 것은 왜일까.

언제 만들어놓은 것인지 몰라도 대장간 벽과 기둥, 좌판에는 대장장이의 솜씨가 가득하다. 언젠가, 누군가 주인을 만나서 제대로 쓰일 것이다. 기다림과 함께 봄이 오고, 어느 날 농부들이 연장이 필요해지면 이 대장간을 찾을 것이다.

농부들의 손에 들린 호미, 괭이, 쇠스랑, 낫은 요긴하게 쓰임을 받을 것이다. 아무리 기계화된 농업이지만 시작과 마무리는 여전히 사람의 손이 필요한 법이니 농사를 짓는 한 이러한 도구들은 필요할 수밖에 없다. 그래서 농민들은 아쉬워한다. 기계화된 시설에서 생산되는 도구들이 마음에 들지 않는다고. 그래서 대장간을 찾는다. 하지만 이젠 대장간이 사라져가고 있다. 남은 곳마저도 언제 문을 닫게 될는지 모른다. 힘든 것에 비해서 수입이 적기에 사람들이 이 일을 하려고 하지 않는다. 게다가 오랜 숙련의 시간이 필요하고 쉽게 흉내조차 내기 어려운 것이니 배우려는 사람도 없다.

지나던 길에 멈춰선 대장간 앞에서 어렸을 때 처음 경험했던 대장간을 추억한다. 세월과 함께 인생은 지나가지만 시간이 멈춰진 대장간이었기 때문이다. 모든 것이 변했건만 풀무도, 모루도, 대장장이의 땀 흘림도 변함이 없으니 대장간은 시간도 붙들고 있는가. 세월은 쏜살같건만 노동의 원리는 변함이 없는 것인가. 호미도, 낫도, 괭이도 그때 그 모습 그대로인 것이.

오류

현란한 대장장이의 손놀림에 넋을 잃는다. 작은 쇳조각이 그의 손놀림이 있은 후 변신을 한다. 생긴 대로의 쇳조각에 지나지 않았었는데 몇 번의 망치질과 담금질이 반복되더니 어느새 모양이 나타난다. 대장장이는 신비한 요술쟁이다.

초등학교 시절 처음으로 읍내의 대장간에서 대장장이가 일하던 모습을 보았다. 그때 대장장이는 분명히 요술쟁이였다. 어떤 쇳조각도 풀무에 넣어 달군 다음 망치질을 반복하는 과정에서 전혀 다른 모양으로 재탄생시켰다. 처음으로 대장간을 보았을 때 나는 그 자리에서 멈춘 채로 대장장이의 일하는 모습을 넋을 잃고 지켜보아야 했다.

신기했다. 어떻게 저렇게 굳은 쇳조각으로 만들고 싶은 것을 만들어낼까? 그렇게 지켜보고 있었을 때 내 눈에 들어오는 것이 있었다. 그것은 모루였다. 처음에는 대장장이의 손놀림에 정신이 팔렸다. 하지만 그의 손놀림에 집중하고 있던 중 내 눈에 들어온 것이 모루였다.

모루는 대장장이가 일하는 동안 쉼 없이 망치에게 얻어맞았다. 대장간의 하루의 일과가 시작되면서부터 종일 얻어맞는다. 망치가 닳아져서 몇 개씩이나 바뀌어도 여전히 얻어맞는 일을 해야 한다. 그것이 모루의 역할이다. 망치는 닳아지고, 일그러져서 못쓰게 되더라도 모루는 우직하게 버티고 있다. 뜨거운 쇳조각을 올려놓은 채 사정없이 내려치는 대장장이의 망치를 온몸으로 얻어맞고 있다.

대장장이가 만드는 모든 농기구들과 생활도구들이 모루 위에서 탄생한다. 모루는 대장간에서 만들어지거나 벼려지는 모든 농기구와 생활도구들의 산실이다. 어떠한 쇠붙이도 모루 위에서 필요한 것으로, 필요한 모양으로 다시 태어난다. 그것은 모루가 얼마나 많이 망치에게 얻어맞는가에 따라서 가능하다.

하지만 누가 모루를 얻어맞기만 한다고 바보라고 할 수 있으랴. 모루를 바보라 한다면, 망치는 무엇이며 풀무는 무슨 소용이 있겠는가. 아무리 망치가 세더라도 모루 없이는 어떤 능력도 발휘할 수 없지 않은가. 그렇게 모루의 역할은 그 수명이 다할 때까지 망치로 얻어맞는 것이다.

그럼에도 모루는 대장간에서 주목을 받는 위치에 있지는 않다. 때로는 없어도 될 것처럼 여김을 받는 것은 예나 지금이나 다르지 않다. 모루는 오늘도 말없이 자신의 역할을 감당할 뿐이다. 그렇다고 특별한 보살핌이 있는 것도 아니다. 열심히 두들겨 패다가 일이 끝나면 본 척도 하지 않는다. 망치는 두어야 할 곳에 가지런하게 올려놓는다. 그러나 모루는 다시는 사용하지 않을 것처럼 대장간 한 구석에 밀어 놓는다.

보이지 않는 곳에서 땀 흘려 일하는 것에 대해서 흔쾌히 자신의 일로 받아들이려 하지 않는 것은 사람의 본능일까. 누군가는 반드시 그 일을 해야만 할 것이나 모루가 되려는 생각을 하는 이들은 많지 않다. 그렇다고 그 역할을 어떤 사람에게만 강요하거나 전가할 수는 없는 일이다.

망치의 역할도 필요하고, 모루의 역할도 필요하다. 한데 망치만 되려고 하고, 모루는 되려하지 않으니 망치도 쓸모가 없게 될 것이 아닌가. 전체를 보아야 하련만 사람들은 망치에만 관심을 가진다. 양손이 마주쳐야 소리가 나지 않던가. 대장간의 망치와 모루는 두 손과 같다. 그럼에도 망치에만 관심을 가진다면 아무것도 할 수 없지 않겠는가.

'너'는 무시하고 '나'만을 고집하며, 자신을 양보해서 전체를 생각하지 못한다면 '나'의 의미도 없게 된다. 어쩌면 모두가 경쟁 속에 살고 있기 때문이 아닐까. 이기적 개인주의가 만들어낸 우리 사회의 현상인지도 모른다. 해서 드러나지 않거나, 자신에게 돌아오는 몫이 분명하지 않으면 결코 감당하려 하지 않는 것이리라.

수 없이 얻어맞아도 말없는 모루. 온몸이 부서져 망신창이가 되어도 묵묵히 그대로이기를 자청하고 있는 모루. 대장장이조차도 필요할 때는 찾지만 일이 끝나면 관심이 없는가. 다시는 쓸 일이 없을 것처럼 무관심하다. 그러다가도 다시 일을 하려면 모루를 찾는다. 그러면 모루는 당연히 자신의 일인 양 뜨거운 쇳조각을 머리에 이고 얻어맞기 시작한다. 얼마나 맞았는가. 또 얼마나 맞아야 할 것인

가. 그러나 그 일이 끝난 다음에는 다시 찬밥신세다.

세상에는 자신을 드러내지 않으면서도 남들이 하기 어려워하는 것을 열심히 감당하는 사람들이 적지만 있다. 꼭 있어야 하는 곳에서 누구도 기억해주지 않더라도 그 자리를 지키고 있는 이들이 있다. 하지만 그들에 대한 사람들의 관심은 적다. 아니, 어떤 사람들이 그런 일을 한다는 것조차 알지 못한다.

비록 아무도 수고한다는 말 한마디 하지 않아도 말없이 감당할 수 있는 자아에 대한 확신이 있다면 진정 멋진 사람이 아닐까. 모루처럼 말이다.

그리운 소리

할아버지는 화가 났다. 그것은 누렁이를 향한 할아버지의 사랑이다. 작대기를 들고 쿡쿡 찌르기도 하고, 때려보기도 한다. "이놈이 죽을라나! 일어나질 않네!" 할아버지는 말을 잇지 못했다. 급하게 수의사를 부른 할아버지는 무념의 상태로 누렁이를 응시하고 있다. "할아버지, 이제 이 소는 일어나지 못합니다. 마음의 준비를 하세요. 이제 곧 죽을 겁니다." 그때서야 할아버지는 체념한 듯 손수레에 앉은 채 잠시 동안 누렁이를 응시했다.

얼마나 지났을까. 할아버지는 성치 않은 다리를 절뚝거리면서 낫을 들고 일어났다. 외양간 밖으로 머리를 내민 채 일어서지 못하는 소에게 다가가 고삐를 자르고 코뚜레를 빼냈다. 비로소 누렁이에게 자유가 허락되었다. 평생을 할아버지의 수족이 되어 일을 했던 녀석이 비로소 자유를 얻는 순간이다.

누렁이는 길게 숨을 쉰다. 코뚜레는 순종을 담보로 평생 녀석의 자유를 철저하게 제압했다. 하지만 이제 죽음을 전제로 그것으로부터 자유를 얻은 것이다. 목에 걸었던 워낭도 더 이상 녀석을 구속할 수 없게 되었기에 할아버지 손에 들려졌다. 아니, 어쩌면 마지막 가는 길을 방해할까 봐 워낭소리마저도 할아버지가 챙긴 것일지 모른다.

언제부터인가 우리 곁에서 워낭소리를 들을 수 없게 되었다. 이제는 일소로 길들이는 사람도, 소를 이용해서 농사를 짓는 사람도 없기 때문이리라. 그러니 소를 몰며 쟁기를 지고, 들로 나가는 농부의 모습은 필름의 기록에서나 만날 수 있게 되었다.

주인을 잃은 워낭이 추녀 끝에 걸려있다. 할아버지는 애써 누렁이를 바라보지 않는다. 흐르는 눈물을 안으로 삼킨다. 그리고 긴 한숨을 쉬면서 "녀석 고생 참 많이 했는데……." 할아버지는 뒷말을 잇지 못했다.

어렸을 때의 기억이다. 할아버지는 송아지를 길들여 일소로 만들기 위해 코뚜레를 끼우고, 목에는 워낭을 달았다. 일을 배우는 과정에서 워낭소리는 불규칙하다. 그 소리는 소가 뛰는 대로, 멍에 메기를 거부하는 대로 요란스럽다. 하지만 일을 배우고 익혀서 일소로서 길이 잘 들여지면 워낭의 소리도 리듬이 있고 정겨운 소리로 거듭난다.

초등학교 시절 학교에 갔다 오면 소를 끌고 나가 긴긴 여름날 해가 서산을 넘기까지 풀을 뜯겨야 했다. 그러던 어느 날 끌고나갔던 소가 갑자기 내게 덤비는 일이 있었다. 앞서 가던 녀석이 뒤로 휙 돌아서더니 씩씩거리며 내게 덤볐다. 체구가 작았던 나는 고삐를 길게 놓으며 피하려 했지만 소는 내게 돌진해왔다. 결국 고삐를 놓을 수밖에 없었고, 소는 제멋대로 뛰기 시작했다. 그때의 워낭소리는 내게 무서움을 느끼게 하는 것이었다.

놓쳐서는 안 될 것이지만 오금이 저릴 만큼 무서웠기에 어쩔 수가 없었다. 덤벼드는 소를 피할 수밖에 없어 고삐를 놓치고야 말았던 것이다. 녀석은 유유히 어둠 속으로 사라져갔다. 쫓아갈 수 있는 용기를 잃은 나는 집으로 뛰어갔다. 할아버지의 도움을 구해야 했기 때문이다. 할아버지는 허겁지겁 어둠 속으로 달아난 소를 찾아 나섰다.

급박한 상황에서 놓칠 수밖에 없었지만 소를 놓친 죄책감에 마음이 편하지 않았다. 그렇게 두려움과 미안한 마음으로 있은 지 얼마나 되었을까, 어둠 속에서 워낭소리가 들려왔다. 그리고 할아버지의 기침 소리와 함께 누렁이가 그 모습을 드러냈다. 할아버지는 “이놈의 소가 미쳤나?” “허험!” 하는 헛기침소리를 남기고 외양간으로 들어가셨다.

소를 놓친 것에 대해서는 아무 말씀도 없이 “괜찮냐?! 이놈이 미쳤나?” 하면서 베어다 놓은 꼴을 한 아름 안아다 외양간에 풀썩 던지셨다. 외양간에서는 꼴을 먹으랴, 달려드는 모기를 쫓으랴 누렁이가 꼬리를 흔들고, 머리를 흔들어대는 워낭소리가 들려왔다. 무서웠던 소리였지만 외양간에서 들려오는 소리는 평안한 것이었다.

그 여름날 마당에 모깃불을 피워놓고 멍석 위에 누운 채 별을 헤아리는 날이 많았다. 어른들은 저녁식사를 마치고 나면 으레 마당에 둘러앉아 이야기꽃을 피우곤 했다. 나도 그 틈에 함께 있다가 잠이 들었던 기억이다. 몹시 더운 날 밤이면, 그대로 밖에서 잠을 자기도 했다. 그렇게 여름날 밤을 지내노라면 외양간에서 누렁이는 끊어질 듯 이어지는 워낭소리로 그 밤을 함께했었다.

이제는 잊힌 소리다. 시골에 가도 만나기 힘든 정경이다. 민속공예품을 파는 곳에나 가야 겨우 만날 수 있을까. 워낭소리가 들리면, 어디선가 누렁이가 나타나 희미한 불빛으로 나올 것만 같다. 쟁기를 끌고, 달구지를 끌고 들로 나가면서 들려주던 워낭소리는 더 이상 들을 수 없다.

한데, 난데없이 극장에서 그 소리가 들린다고 난리 아닌 난리다. 그 소리를 들으려 250만 명이나 극장을 찾았단다. 작은 방울소리 때문에 250만 명이나 극장을 찾았다니, 그 종소리 한 번 대단한 것 아닌가. 비록 작은 방울이지만, 그리고 이제는 주인마저 잃은 채 처마 끝, 아니면 농가 어딘가에 처박혀 있을 워낭이건만, 그 소리가 들린다고 야단들이다. 그렇게 싫었던 일이고 힘들었던 시대의 산물인데, 그 소리를 듣겠다고 너도나도 극장을 찾고 있단다.

소에게 풀을 뜯기라고 하면 어떻게 해서든지 하지 않으려 하지 않았던가. 땡볕에 풀을 뜯기러 나가노라면 쇠파리들이 몹시 귀찮게 덤볐다. 한낮의 햇볕은 숨을 곳도 없다. 그러다 한눈이라도 팔라치면 등에가 몹시도 성가시게 했다. 그래서 더 싫었던 것이 풀을 뜯기는 일이었다.

어쩌면, 그것이 싫었고, 고생스러웠기에 지금도 추억하고 있는 것일지 모른다. 워낭소리는 가난의 소리, 고난의 소리였다. 하지만 삶과 생명의 소리이기도 하지 않은가. 그래서인지, 모두들 그 소리가 그리운 게다. 그 날들이 그리운 게다. 해서 그 소리를 들으려 극장으로 몰려가는 게다.

그때가 좋았어!

머리를 이발사에게 맡기고 앉았다. 때가 때인 만큼 설에 관한 이야기가 이발사와 종업원들 사이에서 오가기 시작했다.

이발사가 "옛날이 좋았지." 했다. 그 말에 한 종업은 동조를 했다. 그러나 또 다른 종업원은 "옛날이 뭐가 좋았냐! 난 지금이 좋다." 의견은 2대 1로 갈렸다. 세 사람이 일하고 있는 이발소 안에는 의견이 갈린 채 서로의 입장을 주장하는 분위기가 계속되었다.

이발사는 자신의 추억담을 늘어놓기 시작했다. 떡과 엿을 해서 집집마다 나눠 먹은 일, 동네 어른들을 찾아다니며 세배하던 일, 온 가족과 친척들이 함께 모이고 서로 찾아보던 일 등등 너무나 좋았다고 했다.

게다가 직업이 직업인 만큼 설이 다가오면 이발소에서 머리 한 번 깎으려고 줄을 서서 기다렸다는 이야기부터 해서, 그때는 여자

아이들도 이발소에서 단발머리를 깎았다는 이야기까지 신이 난 듯 이어갔다. 지금이 더 좋다는 입장의 사람이 "왜 여자아이 머리를 미장원에서 깎지 않고 이발소에서 깎았냐?"고 되물었다. 요즘 사람들로서는 이해하지 못하는 것이 당연한 일이리라.

이야기는 신나게 과거로 달려갔다. 젊은 직원은 "그랬어요?" 그러면서도 마음에 와서 닿지 않는 표정이다. 그도 그럴 것이 신세대인 그는 불과 몇 십 년 전의 일이긴 하지만 수긍이 가지 않을 만큼 아득한 옛날에 있었던 일로밖에는 느껴지지 않는 모양이다.

이발사는 무엇이 좋았다는 이야기일까? 옛날이 좋았다는 주장은 가난이 좋았다는 것도, 추웠던 것이 좋았다는 것도 아닐 것이다. 비록 가난했고 추웠지만 여유가 있었고, 인정이 있었으며, 사람과 사람의 나눔이 있었다는 것이 아닐까. 떡을 만들든, 만두를 하든, 이웃과 나누는 일이 좋았다는 것이리라. 같은 시대, 같은 문화를 가지고 사는 사람들의 것이기에 대부분 비슷한 음식들이었다. 어쩌면 내가 이웃에 전했던 것이 빙 돌아서 다시 원점으로 돌아오는 것이라고 해도 크게 틀리지 않을 만큼 이웃을 향한 나눔과 살핌은 참으로 정겨운 것이었다.

비록 가난했지만 넉넉했고, 이웃집이 멀었지만 가까웠다. 그런데 지금은 어떤가. 옆집과의 거리가 불과 아파트 벽 두께, 곧 15cm에 불과하다. 그러나 그 벽을 넘어 이웃까지의 거리는 천 리나 되는 것 같다. 경제적으로나 이동 수단으로나 요즘이 훨씬 유리함에도 불구하고 살핌도 나눔도 없다. 이웃과의 정겨운 관계도 없다. 동네 어른들을 찾아다니며 세배하던 추억은 아득한 옛날이야기가 되고 말았다. 과거에는 설날이면 세배하러 하루 종일 동네를 돌아다녔다. 하지만 지금은 그러한 이웃과의 관계가 없다. 사람이 산다는 것이 이런 것은 아닌데 하면서도 주어진 환경에 묻히거나 편승할 수밖에 없는 것이 우리의 모습이 아니런가.

"그래도 그때가 좋았어!"라는 이발사의 독백은 자신만을 향한 것일까. 그때보다 경제적으로나 사회적 환경이 훨씬 좋아진 것이 분명하건만 왜 그는 그때가 좋았다고 하는가. 분명 그의 독백엔 현재에 대한 아쉬움이 담긴 것이리라. 아니 인간이 잃어버리지 말아야 할 것을 잃어버리고 있음을 말하는 것이리라. 아무리 환경적으로 좋아진다 한들 근본을 잃어버린다면 무슨 소용이 있겠는가. 잃어버리지 말아야 할 것을 귀하게 생각하지 못하는 현실에서 그것이 무슨 의미가 있겠는가. 해서 그는 '그때가 좋았다'고 하는 것이 아닐까.

그렇다고 단지 과거로의 회귀를 원하는 것은 아니리라. 맹목적으로 과거를 동경하는 마음을 표현한 것도 아니리라. 다만 잃어버린 것이 너무나 아쉽고, 잃어서는 안 될 것인데, 그것을 소홀하게 여기는 현실에 대한 못마땅함 때문이리라. 비록 보잘 것 없는 먹을거리였지만 나눌 수 있는 여유가 있고, 이웃이 있었으니 좋았고, 충분한 것은 아니지만 나눔으로 기쁨이 몇 배나 더해지는 것을 체험하는 기쁨을 누릴 수 있어 좋았던 것이리라.

넘치기 때문에 좋기만 한 것은 아니다. 때론 부족하기 때문에 그 가치를 느끼고, 어렵지만 나눌 수 있는 여유와 기쁨이 있어 좋다. 그것이 인간과 동물의 차이라고 할 수 있는 요소가 아닐까.

단지 많이 소유하는 것만을 기뻐한다면 그것으로 인한 역기능이 어려움을 자초할 수 있을 것이다. 소유는 그것이 무엇이든 삶의 도구 내지는 수단이지 궁극적 목적일 수는 없다. 그런데 아쉽게도 그 동안 "잘살아보세! 우리도 한 번 잘살아보세!"를 외치면서 앞만 바라보고 달려온 우리네 현대사는 그것을 목적과 가치로 여겨왔기에 잃지 말아야 할 것까지 잃게 했던 것이 아닐까.

"그때가 좋았어!"

이발사의 독백은 자신도 모르게 현실에 동화되어가는 내 모습을 깨우는 소리였다.

미투리 유감

할아버지는 들풀과 볏짚, 그리고 산에서 자라는 억새나 싸리나무, 댕댕이넝쿨과 칡넝쿨을 이용해서 생활용품을 만드는 것에 탁월한 재주를 가지고 계셨다. 짚신은 물론 삼태기, 바구니, 돗자리, 부채, 채반, 멍석, 광주리, 망태, 그리고 일상에 필요한 온갖 것들을 만들어 사용했던 기억이다. 아마 지금 살아계신다면 무형문화재가 되셨을 것이다.

해서 내겐 남 다른 추억이 있다. 한여름 냇가에서 친구들과 미역을 감으며 시간가는 줄 모르고 놀다가 소에게 풀을 뜯기러 가야 하는 시간을 놓쳤다는 것을 깨달은 순간 누가 먼저랄 것 없이 물에서 뛰어나와 쏜살같이 달려가곤 했다. 하지만 물에서 나와 몸을 닦지도 않은 채 고무신을 신고 뛴다는 것은 쉽지 않았다. 물기가 있는 고무신은 미끄러워 뛸 수 없기 때문이다. 하지만 나의 경우는 달랐다. 금방 물에서 나와 미투리를 신고 뛰면 미끄러질 일이 없기 때문이다. 그러나 새로 삼은 미투리를 신으면 뒤꿈치가 아픈 것이 흠이다. 발에 맞기까지는 조금 불편한 것은 어쩔 수 없었다.

친구들 가운데 짚신을 신은 아이들은 없었다. 짚신을 신은 것은 내가 유일했다. 그렇다고 특별히 놀림을 당했던 기억은 없지만 물장난하고 올 때는 아무런 신경을 쓰지 않아도 될 만큼 좋았다는 기억이다.

반면 짚신은 불편할 때가 있다. 비가 오는 날이거나 길이 젖어있을 때 짚신을 신고 걷는다는 것은 거의 불가능할 만큼 불편했다. 흙이 짚신에 들러붙기 때문이다. 그리고 짚신 바닥으로 진흙이 물기와 함께 스며들면 무거워지고 축축해지면서 느낌이 좋지 않은 것은 물론 발이 더럽혀지니 불편하다. 하지만 당시에 그러한 불편쯤은 짚신을 신지 않아야 하는 이유가 되지 못했다.

주변에서 쉽게 구할 수 있는 재료로 필요한 용품을 만들어 사용했던 기억은 요즘의 현실을 보면서 격세지감을 느끼게 한다. 신발 한 켤레 값만 해도 입이 다물어지지 않을 만큼 비싸기 때문이다. 운동화 한 켤레에도 20만 원이나 하고, 구두는 30만 원이나 하는 것이 현실이니 어떻게 이해해야 할는지. 운동화 한 켤레 값이 쌀 한 가마니 값보다 비싸다는 말에 입이 다물어지지 않는나. 내부분 오이엠(OEM)으로 만들어다 판매만 하는 것임에도 그렇게 비싸게 팔 수 있는 것인지 이해하기가 어렵다.

인체공학적 디자인과 재료공학의 발전은 신발 한 켤레에도 상상을 초월하는 과학기술이 집약되어 있다는 것이 업계의 설명이다. 하지만 아무리 그렇다 할지라도 그렇게 비싸야 할 이유가 어디에 있는가.

게다가 운동화도 브랜드가 무엇이냐에 따라서는 명찰을 하나 더 붙이게 된다. 소위 명품이라는 브랜드만 붙이면 그 값은 상상을 초월하게 된다. 같은 업체가 만들어 팔아도 명품 브랜드를 붙인 것과 그렇지 않은 것은 비교가 되지 않는 가격이 되고 만다. 비싸면 더 잘 팔린다는 것이 판매 전략의 기본 상식으로 받아들여지고 있는 것이 현실이니 어찌하겠는가. 신발에 금으로 장식을 하지 않았다면 신발의 원가는 상식을 벗어나지 않을 것인데 말이다.

하기야 1980년대 초 유명 브랜드의 신발들이 고가에 판매되면서 학생들이 등교할 때 그 브랜드의 신발을 신지 못하도록 하는 조치까지 취해졌던 기억이다. 운동화가 가죽으로 만들어지기 시작한 것도 그즈음의 이야기다. 운동화가 가죽으로 만들어지면서 천으로 만든 운동화는 일순간 사라지기 시작했다. 하지만 높이 책정된 운동화 값은 고급화를 빌미로 떨어질 기미가 없다.

명품 값을 말하자면 어디 운동화의 문제만이겠는가. 스카프나 작은 지갑과 벨트 하나에도 상상할 수 없는 가격이 붙어있다. 이런 현상은 명품이라면 가격이 문제 될 것이 없다고 생각을 하는 사람들이 있기 때문인지 모른다. 그러나 아무리 명품이라고 할지라도 브랜드 값치고는 너무한 것 아닌지. 작은 지갑 하나에 3,4십만 원은 예사니 말이다.

명품이 사람을 만들어준다면 인간으로서 자존심의 문제가 아닐 수 없다. 인간은 스스로가 존엄성을 확보할 수 있어야 하고, 그 격格에 있어서도 인간으로서의 격을 갖춰야 할 것이다. 그런데 왠지 세월이 지날수록 명품이 인간의 격을 만드는 것 같다는 생각에 자존심이 상한다. 인간을 인간으로 대할 수 있어야 하련만 소유한 물건으로 그 사람을 보려고 하니 소유가 인간을 만들어주는 시대가 되었다는 것 아닌가.

미투리를 만드는 데 특별히 돈이 들 일은 없다. 잘 말린 볏짚과 삼줄기나, 이마저 귀한 것이었으니 천조각만이라도 조금 있으면 된다. 조금 부지런을 떨면 흔한 볏짚을 다듬어서 필요한 미투리를 만들어 신을 수 있다. 값으로 따지면 별 것 아니다. 사용함에 있어서 불편함은 부정할 수 없다. 하지만 그 어느 브랜드의 신발보다도 마음에 남아 있음은 단지 어려웠던 시절의 추억 때문만은 아니리라.

할아버지의 마음과 수고와 사랑이 담겼던 미투리, 지금 그 미투리를 신을 수 있다면 어떤 명품과도 바꾸고 싶은 마음이 들지 않을 것 같다. 결코 실용적이지 못한 신발이긴 하지만 간직하고 싶다. 비록 브랜드도 없고, 가치로 따지면 하찮은 것이지만 어느 명품보다 간직하고 싶은 것은 왜일까?

6부

에덴의 아침

에덴의 아침

적막하고 고요한, 아무도 방해하지 않는 산막山幕에서 하룻밤의 쉼을 허락받았다. 그리고 아침을 맞는다. 살짝 감은 눈꺼풀을 통해서 느껴지는 온화한 아침 햇살, 참으로 오랜만에 여유롭게 여는 아침이다.

늦잠을 시기해서인가. 온갖 새들이 아침을 깨운다. 이름 모를 새들이 나를 위한 아침을 준비하고 있는 것인가. 지친 몸으로 쉼을 얻으려 찾아든 길손을 위해서 아침을 노래하는 것일까. 눈을 감은 채로 들려오는 소리와 새의 정체를 일치시켜보려고 애를 쓴다. 하지만 새에 대한 지식이 일천하니 오히려 분위기를 잃게 하는 것 같아 이내 그마저 내려놓는다.

그중 귀에 익은 소리가 들린다. 뻐꾸기다. 비몽사몽간에 들려왔던 많은 새소리가 일순간 사라지는 느낌이다. 알 수 없는 새들의 노랫소리에 취하긴 했지만 귀에 익지 않은 소리였다. 정겨운 뻐꾸기 소리는 신록이 아름다운 초하初夏의 아침을 깨워준다.

아담의 에덴에는 온돌방이 필요치 않았을까. 하지만 여기 수리봉 산막엔 온돌방이 있다. 창호지 안으로 스며드는 아침 햇살과 따뜻한 온돌이 전해주는 포근함이 산막에서 맞는 아침의 행복을 더해준다.

어젯밤 아내와 함께 늦은 길을 나섰다. 연휴도 되고, 오랜만에 조용히 쉬고 싶다는 생각에 아내를 퇴근시간에 맞춰 나오게 했다. 저녁도 거른 채 내처 달리기 시작해서 소백산맥 수리봉의 품에 안긴 것은 새벽 1시나 돼서다. 그때까지 길손을 기다리고 있는 관리인에겐 미안했지만, 예약을 그렇게 한 터라 미안한 마음은 애써 감추고 안내를 받아 한 산막에 들었다.

여름으로 가는 길목이지만 고산지대인지라 추우니 난방 보일러를 작동해야 한다며 그녀는 불을 넣어주고 돌아갔다. 여름날이지만 냉기가 도는 산막엔 한밤의 고요와 적막함만이 지배하고 있었다.

관리인이 돌아간 후 이내 방바닥이 따뜻해지기 시작했다. 지친 몸을 씻고 따뜻해진 이불 속으로 찾아들었다. 얼마 만에 느끼는 온돌의 따스함이던가. 지친 몸은 이내 쉼을 얻고 싶어 했다. 지난밤 잠에 들었던 기억이 아스라하기만 하다.

연휴를 맞아 잠시 일을 내려놓고 싶다는 생각에 찾아든 곳. 아침에 일어나 무엇을 할 것인가 하는 생각조차 내려놓은 채 잠에 취했던 지난 밤. 그러한 생각까지도 아스라이 느낄 만큼 깊은 쉼을 누릴 수 있었다.

그리고 뻐꾸기가 깨우는 아침을 맞는다. 누운 채로 산막에서의 아침을 느끼고 싶다. '음메-!' 목장의 아침이 밝았음을 누렁이들의 울음소리가 알려준다. 수리봉 기슭 해발 800미터의 고지에 자리한 목장이 내려다보이는 곳, 그곳에서 아침을 맞는다. 단순히 목가적인 풍경만이 아니라, 생명의 아름다움을 느끼면서 쉼을 얻을 수 있는 곳이기에 거기서 아침을 맞고 싶었다. 해서 낯설고 먼 길이지만 찾았던 것이다.

갑자기 밖이 궁금해지기 시작했다. 어떤 새들이 그렇게 아름다운 소리로 아침을 준비하고 있는지. 칠흑같이 어두운 밤 적막함 속에 찾아든 곳이기에 밖의 풍경은 어떤 곳인지 보지 못했기에 더 궁금하다. 하나씩 궁금증이 더해지기 시작하면서 인내력의 한계에 이른다. 가뜩이나 잠을 깬 후에는 누워있지 못하는 체질인데 여유를 부리려니 견디기가 힘들다.

조용히 일어나 창문을 열었다. 순간 눈앞에 펼쳐진 정경은 얼마 동안이나 나의 온몸을 그대로 사로잡았다. 건너편 산허리는 방목장이다. 아침의 신록은 신비롭기까지 하다. 줄지어 초지로 나가는 소들의 워낭소리가 정겹다.

산막 바로 앞 작은 잔디밭에는 이름 모를 새들이 아침을 노래하고 있다. 생김새도 예쁘고 울음소리도 예쁘다. 한참이나 넋을 놓고 새들의 소리와 몸짓에 빠져야 했다. 행여 녀석들의 아침식사를 방해하지 않을까. 몸을 문틈 뒤로 숨긴 채 녀석들의 아침 모임에 끼어들었다.

그들의 아침은 생기가 넘친다. 아무도 방해하지 않는 곳에서 눈치 보는 일 없이 옹기종기 모여 새아침을 맞고 있다. 한가롭지만 분주한 녀석들의 모습이 소백의 수리봉을 찾은 기쁨을 더하게 한다.

얼마나 오랜만에 접하는 정경인가. 목가적인 정경과 함께 에덴의 아름다움을 간직한 이곳의 아침은 인위적인 어떤 소리도 들리지 않음이 좋다. 소들이 한가롭게 풀을 뜯고 있는 정경이 평화로움과 여유로움을 더하게 한다.

광우병 때문에 몸살을 앓고 있는 이 땅의 아픔은 인간의 몫이라는 듯 유유히 초지로 향하는 발걸음이 여유롭기만 하다. 인간의 어리석은 모습을 조소하는 듯 녀석들의 발걸음은 유유자적하다. 그들의 모습은 이기적인 인간의 조급증이 어리석음을 자초하는 것임을 깨닫게 하는 것일까. 까마귀들의 소리마저 아침을 여유롭게 한다.

눈에 이슬이 맺힐 만큼 정겨운 뻐꾸기 소리와 함께 산막의 아침을 연다. 녀석들의 울음소리는 에덴의 평화와 사랑과 행복을 노래하고 있는 것 같다. 아직 잠에 취해 있는 아내의 볼에 살포시 입술을 댄다. 소백산목장의 산막에서 에덴의 아침을 연다.

엽우葉雨

바람 한 점 없이 맑은 가을날 갑자기 비가 내린다. 하늘을 우러른다. 갈숲 사이로 파란 하늘이 높다. 헛것을 보는 것일까. 그 파란 하늘에서 후드득거리며 비가 내리니 말이다.

숲을 찾은 이들로 하여금 가을의 품에 안기게 한다. 가슴속까지 가을을 느끼게 한다. 가벼운 니트 차림이 어울리는 숲에 내리는 비에 한껏 젖어보고 싶어진다. 숨소리마저 멈춘 채 가을비에 흠뻑 젖으라 한다.

갈잎 사이로 햇살이 내린다. 계절이 바뀌었건만 그마저 잊고 살고 있는 내게 주는 창조주의 선물인가. 상큼한 공기와 맑은 하늘에서 내리는 햇살은 그곳에 머물라 한다. 내리는 햇살이 갈숲에 가을 정경을 수채화로 그려준다.

햇살이 갈잎에 내린다. 갈숲 한 가운데 서 있는 나로 하여금 애써 센티멘털리스트가 되려고 하지 않아도 자연스럽게 가을의 주인공이 되게 한다. 빛줄기마다 그림자를 드리운다. 깊은 가을의 쓸쓸함은 내게 잠시 쉬라 한다. 정신없이 달리기만 하는 삶의 여정에서 이젠 그만 자신을 좀 돌아보라 한다.

내리는 갈잎은 사랑을 깊게 한다. 찾는 이 없는 한적한 숲에 아내와 함께 앉은 벤치에 가을이 내린다. 햇살이 내린다. 꼬-옥 잡은 두 손엔 사랑이 익는다. 같은 것을 바라보며 나누는 마음은 말이 없다. 정녕 말이 필요 없으리라.

갑자기 정막을 깨는 소리가 들린다. 다람쥐다. 녀석의 출현은 적막하고 한가로운 숲의 고요를 깬다. 눈치를 살피는가 싶더니 갈잎에 사뿐히 내려선다. 이미 보아두었던 것일까, 도토리 한 개를 찾아 물고 바로 앞에 있는 벤치에 올라 껍질을 깐다. 이내 다 먹었는가, 갈잎 양탄자를 내처 달린다. 바싹 마른 갈잎이 요란한 소리를 낸다. 녀석이 제 발자국 소리에 놀란 듯, 이내 높은 나무로 줄행랑을 치더니 어느새 구름 위다. 내처 올라서야 잠시 여유를 가지는가. 나를 내려다본다.

녀석이 다른 가지로 옮겨가는 순간 갈잎이 소나기 되어 쏟아진다.

가던 길 멈추고 잠시 찾아든 융건능의 묘원엔 그렇게 가을비가 내리고 있었다. 이제는 대로변이 되어버린 능원 주변은 오가는 차량들과 아파트 건설현장에서 들려오는 매연과 소음으로 가득한 도시의 개발현장이 되어버렸다. 하지만 한 걸음 능원 안으로 발걸음을 들여놓으니 고즈넉함, 여유로움, 그리고 쓸쓸한 가을이 넘친다.

갈참나무들이 빼곡한 능원의 숲길은 아무리 바쁜 사람이라도 잠시 쉬어가고 싶은 마음을 가지게 한다. 천천히 걷고 싶지 않을 수 없을 만큼 가을의 정취로 가득하다. 아무리 무뎌진 심성이라 할지라도 가을에 젖게 하고야 만다. 쓸쓸하지만 훗훗한 가을로 가는 길이 거기에 있다. 지나치기만 하던 능원에서 가을은 나를 기다리고 있었다. 이제야 오냐고 하면서….

변하는 계절조차 느끼지 못하고 헐떡이며 지내는 인생임을 단지 바쁘다는 한마디로 합리화할 수 있을까. 그렇게 살다가 어느 날 '아니! 벌써!' 하는 순간엔 이미 스스로 움직이는 것조차 버거운 시점에 직면하게 될 것이련만.

숲에 들어서니 기다렸다는 듯 굵은 갈잎이 소나기 되어 내린다. 아내와 조용히 하늘을 우러른다. 그 갈잎을 맞으며 깊어진 가을 길을 걷는다. 몇 개의 잎이 떨어지면서 다른 잎들을 건드리니 갈잎들은 연달아 잎을 떨구어 이내 소나기를 만든다. 그 소리는 분명 장마철 소나기가 내리기 시작할 때 그것이다. 후드득거리며 떨어지기 시작한 가을비는 내게 거기에 섰으라 한다.

조심스럽게 발걸음을 옮긴다. 가을이 주는 선물인가. 발걸음마다 가을을 온몸으로 느끼게 한다. 우산이 필요하지 않다. 빗방울 소리는 설렘을 더할 뿐, 젖을까 염려조차 하지 말라 한다. 다람쥐가 구름에 올랐으니 이제 두 사람의 발걸음 소리만 갈잎을 부스러트리며 깊은 가을의 품에 안긴다.

장마철 갑자기 쏟아지는 비에 놀라서 어디론가 숨어야 하는 것과는 다르다. 내리는 비를 그냥 맞고 싶다. 온몸으로, 가슴으로 내리는 비를 하염없이 맞고 싶다. 아무도 없는 갈숲 공간이기에 더 가을에 젖고 싶다. 누구의 방해도 받지 않고 내리는 비를 맞고 싶다. 내리는 가을비는 나의 발걸음을 붙들고 놓아주지 않는다.

얼마나 걸었는가, 잠시 쉬라고 허락받은 창조주의 선물임을 그때서야 깨닫는다. 나이가 들수록 자신을 돌아보고 싶어지는 것일까. 융건능에 내리는 가을비를 다시 맞고 싶어지는 것이.

남기고 오는 것이랴

휴가철을 맞아 너도 나도 길을 나선다. 차량들이 고속도로를 메웠다는 소식이다. 언제부터인가 휴가철이면 동해로 가는 길마다 차량이 넘친다. 해서 동쪽으로 가는 길들은 해가 지날수록 넓어지고 있는 것인 세나.

여행이란 떠나는 것이다. 하지만 떠난 곳으로 돌아옴을 전제한다. 여행이란 '그곳'을 찾아, '그곳'에 있는 것을 만나고, 맛보고, 느끼는 것이며, 돌아올 때는 '그곳'에 두고 와야 하는 것이다.

여행자는 '그곳'을 회상하면서 추억을 곱씹는다. 그래서 여행은 인생의 의미를 더하게 하는 것이리라. 그러니 '그곳'에 있는 것은 '거기'에 있도록 해야 할 일이다. 여행에서 만나는 것들은 만나는 것으로 만족해야 하고, 즐거워할 것은 즐거운 것으로 족해야 하리라.

그것은 언제까지나 '그곳'에 있음으로 인해서 그곳을 찾는 또 다른 이들에게 의미와 기쁨을 나누어 줄 것이기 때문이다.

그러나 무엇이든지 가져와야 직성이 풀리는 것이 우리네 모습이니 어찌할는지. 언제부터인가 우리는 '그곳'에 두는 것을 용납하지 못하는 것 같다. 무엇이든 자신의 울안으로 끌어들여야 한다. 아무리 좋은 것도 울 밖에 있으면 자신과 관계가 없다고 생각한다. 그 가치와 관계없이 자신의 것이 아니기 때문에 중요하다고 생각하지 않는다.

얼마나 자기 안에 갇혀있는 모습인가. 자기 안에 갇힌 자는 자유할 수 없다. 진정한 자유를 누리지 못한다. 여행은 자유를 누리는 것이다. 하지만 그 자유는 철저하게 소유가 부정됨으로써 주어지는 것 아닐지. '남겨두고 온다' 함은 자신의 소유가 아니기 때문이며, 자신의 소유가 아니기에 '그것을', '거기서', 누릴 수 있음이다.

'그곳에 있어야 할 것'을 자신의 울안에 가둔 사람은 그것의 가치를 자신의 것으로만 제한하게 된다. 하지만 '그것'을 '그곳'에 남기고 온 사람은 모든 것을 소유한 자다. 해서 느낌도, 누림도 다르다. 남겨두고 온 사람은 그것의 모든 것을 가지고 온 사람이지만, 그것을 자신의 것으로 제한하려는 사람은 자신의 능력과 비례하는 아쉬움만 느낄 뿐이다.

여행은 떠나는 자유와 함께 주어진 것을 누리는 것이다. 주어짐은 소유에 집착하는 것이 아니다. 주어지는 것으로 만족할 수 있다면, 그것으로 주어진 것을 누릴 수 있다. '그것'이 '그곳'에 있음으로 '그곳'에 가는 의미가 있고, '그곳'에 가고 싶어지는 것이기 때문이다. 하니 '그것'은 '그곳'에 있어야 하며, '그곳'에 있는 것이기에 '그것'을 기뻐할 수 있기 위해서는 '그것'이 '그곳'에 있도록 해야 한다.

하지만 '그것'을 자신의 울안에 가두기를 원한다면, '그것'은 자신만이 즐거워하려는 이기적인 생각이며, '그것'으로 인해서 이내 싫증을 느끼게 될 것이다. 소유는 일시적인 만족을 주지만 이내 권태를 느끼게 한다. 또한 소유하는 순간부터 소유함으로 인하여 근심과 염려가 만들어질 뿐이다.

하지만 남겨놓는 것이 마음대로 되지 않기에 오늘도 여행의 기쁨을 맛보지 못하는 것일까. 남겨놓고 가는 것이 인생이거늘 애써 거두기만 하려는 것이 자신의 자화상이니 어찌하랴. 해서 진정한 여행은 '남겨두고 오는 것'이리라.

처음으로 카메라를 손에 든 것이 19살이었으니 세월이 꽤나 흘렀다. 카메라가 귀한 시대인지라 자신의 것을 마련하는 것이 쉽지 않았다. 그때부터 가졌던 사진에 대한 관심이 지금껏 이어지고 있다. 사진을 한다는 말조차 부끄러울 때는 카메라를 탓했다. "실력 없는 사람이 연장만 탓한다."라는 말이 있듯이 말이다. 자신의 오감으로 느껴지는 사물을 같은 느낌의 사진으로 담아 가지고 싶었으나 40년이나 지난 지금도 그것이 녹록한 것이 아님을 고백할 수밖에 없으니 소유한다는 것도 결코 녹록하지 않다.

사진을 시작한 후 사진에 대한 욕심은 끝없이 솟아났다. 사진을 시작한 것은 여행을 통해서 두고 오기보다는 뭔가 가지고 오고 싶은 마음을 대신할 수 있다고 생각한 것이었는지 모른다. 그 실체를 가지고 올 수 없지만 필름으로나마 자신의 것으로 담아 소유하고 싶다는 생각에 기회가 있을 때마다 열심히 사진 작업을 했던 것 같다.

소유하고 싶은 내면의 욕망을 사진을 통해서 표현하는 것이 내게 있어 사진을 하게 된 동기라고 하는 것이 맞을 것이다. 사진을 시작할 당시에야 그러한 생각조차 할 수 없었지만 지나온 시간과 과정을 돌이켜보면, 그것을 굳이 부정하고픈 생각이 없다.

소유하고자 하는 마음은 변함없이 인간을 지배한다. 종국에는 모든 것을 남기고 가야 하는 것이 인생이거늘 소유코자 하는 욕망이 자신을 가두려 한다.

오늘도 여행길을 준비하는 트렁크엔 카메라 가방이 한자리 차지하고 있으니, 정녕 그마저 내려놓을 수 없는 것일까.

카페 휘목에서

카페에 들어서는 순간 온몸이 굳었다. 전라全裸의 여인들이 반기고 있기 때문이다. 당혹스럽기도 하고, 뭔가 잘못 찾아들지 않았나 하는 생각에 순간적으로 온몸을 움직일 수 없었다. 아무런 생각조차 할 수 없도록 숨이 턱 막혔다. 일상에서 경험할 수 없는 것이기에 당혹스러웠다.

생경한 상황에 눈을 어디에 두어야할지 몰라 쩔쩔매야 하는 자신의 모습이 더 당혹스럽다. 어찌어찌 정신을 가다듬고 겨우 곁눈질로 그녀들을 바라볼 수 있었다. 여인들 앞에서 당황하는 자신의 모습이 왠지 쑥스럽기만 하다. 숫기가 없기 때문일까. 전혀 예상하지 못했던 상황이기에 그랬을까. 순간이지만, 당황하는 자신의 모습을 들킨 것 같아서 더 무안했다.

아내에게 눈길을 돌렸다. 아내 역시 거의 동시에 내 얼굴을 바라보았다. 순간 무엇인가 공감하고 있음을 확인할 수 있었다.

아름다운 여인들의 환영을 받으며 서너 계단을 올라가 카페 안쪽으로 들어갔다. 넓은 공간에 클래식한 소파와 그에 어울리는 멋스러운 인테리어가 분위기를 더한다. 은은히 들려오는 클래식 음악의 선율은 카페 안에 조용히 잦아들게 한다.

한데 이게 웬일인가? 그곳엔 더 많은 여인들이 눈길을 가눌 수 없을 만큼 아름다운 전라의 자태로 반기고 있는 것 아닌가. 앉아서 반기는 이도 있고, 반쯤 누운 채로 반기는 이도 있다. 여인으로서 보여줄 수 있는 가장 여인답고, 아름다운 포즈를 하고 있다.

소파에 있는 여인은 풍만한 몸매를 자랑하며 비스듬히 앉은 채 미소를 짓고 있다. 아내와 함께 그녀 앞에 있는 소파에 자리를 정했다. 멋쩍기는 했지만, 본능적인 느낌이 나의 피를 뜨겁게 하는 것일까. 아니 그것은 단순한 욕정이 아니라 아름다움에 대한 반응이라고 하는 것이 옳을 것이다. 그렇게 아내와 나는 여인들의 아름다움에 빠져들었다.

그때 맞은편 소파 뒤에 서 있던 여인의 조용한 미소가 나의 눈길을 멈추게 했다. 소파 앞의 여인이 무안함을 느끼지 않을까 하는 생각에 바로 고개를 돌릴 수 없었다. 잠시 머뭇거리다가 안 보는 척 눈길을 돌려 서 있는 여인과 눈을 마주친다. 여인의 표정이 예사롭지 않다. 나는 눈짓으로 아내에게 그 여인을 가리켰다. 아내는 '와우!' 하는 감탄사와 함께 시선을 나와 같이했다.

콘크리트로만 지은 건물이기에 차갑게 느껴졌는데 아름다운 여인들이 마음껏 포즈를 취하고 있는 카페에는 차가움이란 어디서도 찾아볼 수 없다. 작은 창으로 스며드는 빛이 카페 안의 분위기를 한껏 북돋운다. 반사되어 들어오는 빛은 여인들의 아름다움을 더하여 준다. 잠시 그대로 쉬고 싶다는 생각이 들 만큼 아름답고 편안한 분위기가 압도하는 카페에는 바흐의 현악 4중주가 조용히 흐르고 있다.

무심코 향한 시선은 창밖 잔디 정원에 멈춘다. 넓은 잔디밭은 조각공원이다. 그 가운데 눈길을 끄는 것은 풍만한 엉덩이가 해학적으로 강조된 두 여인이 전라의 모습으로 뛰고 있는 작품이다. 달리기를 하는 것은 아닌 것 같고, 그렇다고 제자리 뛰기를 하는 것은 더더욱 아니다. 하지만 그 모습은 아름다움을 드러내고 싶어 하는 여심을 보여주고 있는 것이 분명하다.

아름다운 마음으로 아름다운 것을 보는 것은 행복이다. 그러나 소유욕에 매이거나 본능적 욕구에 붙들린다면 아름다운 것도 결코 아름답게 볼 수 없으리라. 그러니 행복하지 못하다는 것은 자유할 수 없을 만큼 욕망에 사로잡힌 모습을 증명하는 것은 아닐까.

하루키[村上春樹]의 〈상실의 시대〉가 생각난다. 무엇이 진정한 아름다움이며, 무엇이 진정한 사랑인가. 느끼는 대로, 하고픈 대로 행하는 것일까. 자신에 대한 책임마저 감당할 수 없는 것이라면, 그것은 결코 잡히지 않는 피안의 이상일 뿐이리라.

여인들은 모두 액자에 갇힌 채다. 우리나라의 최고를 자랑하는 누드 화가들의 작품이 카페엔 가득하다. 입구부터 곳곳에 아름다운 여인들이 다양한 포즈를 취하고 있다. 그녀들은 창조주의 작품으로써 진정한 아름다움이 어떤 것인지 보여주고 있다. 카페엔 아내와 나 둘뿐이다. 여행에 지친 몸을 잠시 쉬면서 오랜만에 한가한 오후를 보내고 있다.

테이블에 놓인 커피잔에서 피어나는 향기가 쉼을 얻게 한다. 그윽한 향기는 분주한 마음을 내려놓게 한다. 잔을 들어 향기를 음미한다. 여인들의 향기가 더하여서일까. 여느 카페에서 느끼지 못하는 그윽한 향기가 잠시 모든 것을 잊게 한다. 한 모금 마시는 커피는 행복을 더하게 한다. 커피잔을 기울이며 마주친 아내와의 눈길에는 행복이 가득하다.

커피 향에 취하고, 음악에 취해 있으려니 어느새 창밖에 서 있는 여인들이 갈 길이 멀다고 손을 내민다.

태백의 품에 안기다

밤잠을 설쳤다. 아니, 27년 만의 만남을 생각하니 잠을 이룰 수 없었다. 밤새 뒤치다꺼리며 아련히 간직된 그의 모습을 그렸다. 그를 만나기 위해 야간열차를 타고 밤새 달려갔던 기억부터, 그의 품에 안서 감격했넌 순산까지. 한 순간 한 순간 오롯이 기억의 창고에 보관되어 있었다. 그동안 창고를 열어보지 않아서일까. 먼지가 수북한 몰골이지만 그 장면들은 오히려 또렷하게 남겨져있다.

오랜만에 그를 만나러 가기 위해 길을 나서려니 설레는 마음에 밤이 길게만 느껴졌다. 또렷이 그려지는 그의 품은 밤을 하얗게 지새우게 했다. 벅찬 가슴으로 그의 품에 안기던 순간이 지금도 생생한 것은 그날의 감격이 고이 간직되었기 때문이리라.

청량리역에서 태백선 막차를 타고 황지역에서 내려 버스터미널 근처에 있는 한 여인숙에 들어가 태백행 첫차 시간에 맞춰 깨워줄 것을 부탁하고 쪼그린 채 새우잠을 청했다. 잠시 눈을 붙이고 부스스한 몰골로 첫차에 올랐고 비몽사몽간에 차에서 내려 산행을 시작했던 곳. 그곳이 당골이다. 당시에 당골엔 아무것도 없었다. 차에서 내리자마자 골짜기를 따라 정상을 향해 오르기 시작했고, 얼마쯤 올랐을까. 준령을 넘어서려는 즈음 얼굴을 들고 올라오는 태양을 만날 수 있었다.

정상에 이르기까지 오가는 사람은 아무도 없었다. 동행한 사람의 숨소리만이 혼자가 아님을 확인하면서 올랐다. 겨울등반장비가 귀하던 시대, 제대로 된 채비 하나 갖추지 못한 채 그저 산이 좋아 올랐던 태백이다. 오늘 그를 다시 만나기 위해서 집을 나섰다. 마음에 오롯이 남겨져있는 그의 모습을 그리며 찾아가는 발걸음은 설레기만 했다.

달라진 것은 기차가 아닌 승용차로 가는 것이다. 가는 발걸음도 달라졌으니 태백도 많이 변했을 것이라는 생각을 하며 미리 마음을 다잡았다. 그가 어떤 모습으로 나를 반겨줄 것인지, 기대감과 불안감이 수시로 교차되는 가운데 영월을 지나 깊은 계곡 사이로 난 길을 따라 달렸다.

가는 길이 낯이 설기만 하다. 길이 포장이 되었고, 똑바로 만들어지면서 굽이굽이 계곡이 만들어주던 정취는 생경하기만 하다. 길을 잘못 들어선 것만 같아 좌불안석이다. 운전하는 일행에게 내가 제대로 길을 안내하고 있는지 모르겠다는 말을 몇 번이나 반복해야 했다.

낯이 선 길을 지나 태백산 당골 입구에 도착했다. 차에서 내리는 순간 그곳은 전혀 새로운 곳이었다. 아무것도 없었던 기억이건만 대형주차장을 비롯해서 눈꽃축제를 한다고 분주한 정경이 다른 곳이 아닐까 하는 생각이 들 만큼 달라졌다. 시끄러운 음악소리는 축제의 분위기를 띄우려는 듯 골짜기를 지배하고 있다. 온갖 상점들이 빼곡하다. 대형 버스들이 엔진을 공회전을 시키고 있다. 시끄러운 엔진소리와 내뿜는 매연 때문에 숨조차 자유롭지 않다.

'이건 아닌데….' 도망치듯 행사장을 지나 태백의 깊은 품으로 발걸음을 재촉했다. 쌓인 눈이 얼어붙은 하얀 얼음길이다. 그 길도 낯이 설기는 마찬가지다. 길도 넓어졌다. 오가는 사람이 그만큼 많다는 것이리라. 혹여, 초행일지라도 길 잃을 염려란 아예 없다. 갈림길에 이르면 이정표와 남은 거리까지 친절하게 안내하고 있으니 말이다.

힘겹게 팔부능선에 올라섰다. 갑자기 시야가 넓어지면서 전개되는 풍경이 환상이다. 상고대다. 공기 중에 포함되어 있던 습기가 기온이 빙점 이하로 낮아짐으로써 나뭇가지에 얼어붙어 환상적인 얼음꽃을 피운 것이다. 태양이 중천이건만 고도가 높고 온도가 낮으니 녹지도 않았다. 산등성이 전체가 하얀 상고대로 덮였다. 양팔을 힘껏 벌린다. 그리고 눈을 감는다. 크게 심호흡을 한다. 그대로 태백의 품에 안긴다. 벅차기만 한 순간 쉼을 얻는다.

27년 전 안겼던 느낌이 전율로 다가온다. 크리스털 샹들리에처럼 영롱한 빛을 발하는 순백의 숲을 만들었다. 철쭉군락지도 키가 자라서인가, 길을 따라 터널을 만들어 동화 속의 눈꽃나라로 가는 길을 열었다. 발걸음이 떨어지지 않는다. 품에 안긴 채로 마냥 서 있고 싶다. 얼마나 안기고 싶었던가. 얼마나 느끼고 싶었던가. 태백의 품, 태백의 숨결을.

태백산은 우리나라에서 제일 높거나 가장 큰 산이 아니다. 하지만 그 이름은 백두와 한라, 그리고 지리와 함께 어깨를 견준다. 아니 그 이상 큰 산임을 자타가 인정한다. 아마도 지리적 위치가 그의 이름을 크게 한 것이리라. 태백은 낙동강洛東江도 한강漢江도 품는다. 이 나라에서 가장 길고 큰 강들이 그의 품에서 발원하여 이 산하에 젖줄이 된다.

태백의 등에 업히면 여유롭다. 그 품이 넓고 등이 튼튼하기 때문이리라. 끝없는 연봉이 운해에 떠 있으나 태백의 우직함에 의지한 채다. 산정엔 주목들이 큰 산의 위상을 높이고 있다. 살아서 천 년 태백을 지켰고, 또 죽어서 천 년을 지키고 있는가. 화려했던 옷일랑 다 벗어던지고 벌거벗은 몰골로 삭풍을 맞고 있다. 긴 세월을 지나며 조금씩 떨어져나가는 살점일랑 개의치 않고, 그곳에 언제까지나 서 있으려는 듯 변함이 없다. 누구도 넘보지 못할 만큼 기백과 멋스러움으로 나를 맞는다.

개발이라는 명분으로 발전이라는 보상을 얻는 것처럼 착각하는 것이 현대인의 모습이런가. 아파트 안에서 영원한 행복을 누릴 것이라는 착각을 하면서 도시개발은 곧 아파트를 연상하리만큼 콘크리트 건축물이 온 도시를 장악했다. 그러나 결국 너도나도 탈출하는 행렬을 보면 그렇지만은 않은 것일까. 이 깊은 태백에도 인산인해를 이루며 찾아드니 말이다. 27년 전 단 둘이서 태백의 정상에 올랐었다. 한데 오늘은 발 디딜 틈조차 없을 만큼 많은 사람들이 태백의 어깨를 짓누르고 있다.

너도나도 시골을 탈출해서 도시로 갔건만, 결국 돌아가야 할 곳은 자연의 품이런가. 창조자의 뜻이 거기에 있거늘 인간은 스스로의 이데아를 찾으려다 다시 그 품에 안기고파 찾아드는 것일까. 태백의 품이 어머니 품인 듯이 말이다.

청산도 나그네

반도의 끝자락에 외로이 선 채, 태평양에서부터 몰아쳐오는 비바람을 온몸으로 막아내며 자신의 존재감을 확인하고 있는 청산도. 하지만 영화 〈서편제〉를 낳고, 텔레비전 드라마 〈봄의 왈츠〉가 인기를 얻은 다음에야 겨우 세인들에게 알려졌다. 최근엔 세계 슬로시티slowcity로 등록되어 관심 있는 이들이 찾아들면서 알려졌다.

가난하기만 했던 시대, 그래도 살아있고 움직일 수만 있다면 입에 풀칠은 할 수 있다는 생각으로 사람들이 그곳에 모여들었다. 하지만 평지라고는 손바닥만 한 곳조차 찾기 힘든 작고 비탈진 섬이기에 찾아드는 이들을 모두 보듬어 품기에는 그도 버겁기가 그지없었는가. 경사가 급한 비탈까지도 모두 내어줄 수밖에 없었다.

반도의 끝 완도에서도 뱃길로 한 시간여, 청산도는 막장 아닌 막장이다. 작디작은 품에 너무 많은 사람들이 찾아들었는가. 깃든 사람들의 허기를 넉넉하게 채워주지 못했다 하여, 찾아든 이들의 생존본능은 논을 일구어야 했다. 평지라고는 한 뼘도 안 되기에 가파른 비탈을 일구어 식량을 얻어야 했다.

누구랄 것도 없고, 누가 시킨 것도 아니다. 오직 살기 위해서 움직일 수 있는 사람은 모두 비탈을 일구어야 했다. 돌멩이란 돌멩이는 모두 모아서 논을 만들기 위해 비탈에 쌓았다. 그렇게 쌓아 만든 논배미가 지금은 청산도의 일경一景이 되었다.

이른 봄이면 유채꽃이 만발한다. 비탈마다 장관을 이루는 유채꽃은 언젠가부터 청산도의 상징이 되었다. 사람들은 층층이 만발한 유채꽃에 넋을 잃는다. 하지만 그것은 살아남기 위해서 몸부림치며 골육骨肉을 이 땅에 묻은 수많은 이들의 땀이 일군 유산이다. 그러나 찾는 이들은 아는지 모르는지 그저 아름답다고만 한다.

나는 지금 그들의 체취를 느끼며 청산도의 비탈에 섰다. 꼬불꼬불한 길을 따라 가파르게 오르노라면 끊어질 듯 이어지는 다랑논이 계절 따라 채색되는 아름다운 수채화를 그리고 있다. 그 존재마저 낯설건만 드라마를 통해서 전해진 청산은 그저 아름답기만 했던가.

비탈을 일구기 위해서 구르고 넘어지며 등골이 휘어서 평생 허리를 펼 수 없게 된 무수한 사람들이 이곳 어딘가에 모두 잠들어 있건만, 그들을 기억하는 이들은 없는 것일까. 지금이야 비탈을 따라 경운기도 오르내리지만 그 옛날 등짐으로 돌을 날랐고, 나락을 날라야 했던 이들이 피와 땀으로 일군 논이다. 한 뼘의 논이라도 더 일구어 한 포기의 벼라도 더 심을 양으로 등짐을 지고 비탈을 오르내렸으리라.

허기진 식구들의 배를 채우기에는 턱없이 부족했기에 할아버지,

아버지로 이어지는 다랑논을 넓히는 일은 몇 세대나 대물림하여 계속했다. 얼마나 많은 세월이 걸렸을까. 얼마나 많은 사람들이 손톱이 닳아져 핏방울이 떨어지도록 돌을 쌓았을까.

언제부턴가 이곳 사람들은 다랑논을 구들장논이라고 부른다. 얼마나 많은 돌을 쌓아올렸고, 얼마나 많은 돌을 깔아서 다진 다음 흙을 갖다 부어서 만들었기에 구들장논이라고 불렀을까. 구들장을 놓아서 일군 논이라는 의미다. 쌀이 귀하기만 했던 시대엔 밭보다 논이 귀했다. 실제로 밭보다 논이 훨씬 더 비쌌다. 그만큼 쌀이 중요했다는 것이리라. 해서 비탈을 논으로 만들기 위해 돌이란 돌은 모두 날라다 쌓아 만든 것이 청산도의 구들장논이다.

측량을 한 사람도 없고 토목기술자도 없었다. 얼마나 크게 만들겠다는 생각보다는 비탈이 생긴 대로, 일할 수 있는 여력이 있는 만큼씩 쌓았던 것이 구들장논의 크기며 생김새다. 어느 누구도 설계도를 갖고 만든 것이 아니다. 하지만 묘하게도 등성이를 따라서 적당한 크기와 높이로 이어지는 다랑논은 조화롭기 그지없다. 불규칙하면서도 조화롭게 이어지는 구들장논은 봄이면 봄대로 아름답고, 가을이면 가을대로 풍요롭다. 구들장논은 청산을 찾는 이들에게 화가가 되고 사진작가가 되게 한다. 동요를 부르는 어린아이가 되게 한다.

다랑논 끝자락에서 잠시 허리를 편 채 멀리 망망한 바다를 응시하던 여인의 볼에 한 줄기 눈물이 흘러내린다. 바다에 나간 후 간다 온다 한마디 없이 돌아오지 않는 낭군이 한없이 원망스럽고 그립기에 뜨겁기만 하다. 언덕에 올라 불어오는 바람에 행여나 임의 체취라도 전해질까 멍하니 허리를 폈다가도 자식새끼들 먹여야 했기에 이내 눈물을 안으로 삼켰다. 어린아이 손바닥만도 못하게 남은 호미로 밭을 매며 땅이 꺼져라 내쉬는 한숨소리에 세월도 속절없이 꺼져갔다.

돌아오는 길가엔 홀로 섬기던 시모를 보내고 아직 눈물이 마르지 않아 보내지 못한 주검을 고이 싸매어놓은 초분草墳을 지나며 "그리 누워있으니 편켔소!!" 차라리 그 자리에 대신 눕고 싶은 마음 간절하나 산 자의 책임이 무엇이기에 원망조차 못한 채 소맷자락으로 눈물을 훔치곤 아무렇지도 않은 듯 종종걸음으로 앞서가는 그림자를 밟는다.

구들장논을 찾아가는 길엔 청산의 사람들이 모두 있었다. 한 사람 한 사람, 일일이 눈인사라도 하려니 발걸음이 늦기만 하다. 그들의 땀과 삶이 여기에 있었기에 남겨진 구들장논이 더 아름다운 것 아니겠는가. 찾는 이들에게 진정한 아름다움이 무엇인지 보여주는 것 아니겠는가.

'청산에서 글 자랑하지 말고, 청산으로 시집가지 말라.'는 말을 거리낌 없이 하면서도 청산만 한 곳도 없다고 다잡는 그들의 모습에서 청산의 오늘을 본다. 잠시 걸었던 슬로시티 청산의 옛길이지만 그곳엔 진정한 고향이 있다. 청산엔 한恨과 멋이 있다. 그리고 비탈엔 구들장논과 함께하는 삶과 아름다움이 있다.

7부

그의 얼굴엔 행복이 가득했다

그의 얼굴엔 행복이 가득했다

그는 항암제를 투여하느라 온밤을 지새워 자신과 싸우고 있었다. 생사를 넘나드는 최악의 고통을 느끼며 잠을 이루지 못한 채 뒹굴고 있었다. 병실엔 비슷한 처지의 환자들이 여럿이다. 저마다 죽음을 경험하게 하는 통증을 견디느라 하얀 밤을 지새우고 있다. 환자 외에는 누구도 알 수 없는 고통이 지배하는 밤, 두려움조차 느낄 수 있는 여유가 없기에 쉼이 허락되지 않는 밤이다.

그가 그렇게 새벽을 맞고 있을 무렵이다. 밖에서 들려오는 소리에 심상치 않은 일이 벌어지고 있다는 것을 느끼고 있었다. 그는 지금까지 직접 경험하지 못한 태풍이 온다는 소식을 접하면서 호기심 반 두려움 반의 상태로 고통 중에도 마음은 밖에 가 있었다. 밖에서 벌어지고 있는 상황이 몹시 궁금하기 때문이다. 하지만 몸을 가누는 것조차 여의치 않은 상태에서 밖에 나가본다는 것은 불가능한 일이다. 그는 그렇게 온밤을 새우고 아침을 맞았다.

그가 밤새 잠을 이루지 못한 것은 통증 때문만은 아니다. 집에서 남편과 아버지를 걱정하고 있을 가족들 걱정이 그에게 잠을 이루지 못하게 한 것이다. 태풍에 대한 두려움은 곧 그의 가족에 대한 사랑과 비례하는 것이었다. 그가 한잠도 이루지 못한 것은 집에 있는 가족들과 그의 분신들에 대한 걱정 때문이다.

그에게 그 밤은 길고도 긴 것이었다. 남편으로서, 그리고 아비로서 그가 느끼는 최후의 자존감일지 모른다. 분명 자신의 고통이 더 크건만 그는 자신보다 집에 있는 가족들과 그가 기르는 꽃들 걱정에 지난밤이 더 길게만 느껴졌던 것이다.

그가 입원한 것은 처음이 아니다. 십여 년 전 암이 발병하여 치료를 받았고 그 후 건강하게 열심히 살았다. 한데 재발하여 다시 입원치료를 받고 있는 참이다. 이미 항암치료의 과정을 경험했던 그는 더 힘들어 했다. 실제로 치료 자체를 감당할 수 없을 만큼 몸도 쇠약해졌다.

온밤을 새우며 걱정하던 그는 날이 밝자마자 집으로 전화를 했다. 무뚝뚝하게 "별일 없어?" 하고 물었다. 아무 일 없다는 말을 듣고서야 걱정으로 인해 수심이 가득했던 그의 표정이 조금 누그러졌다. 밤새워 가슴을 졸였던 그는 긴장이 풀린 탓일까 평화롭지만 지친 모습이다.

그날 오후, 친구들 몇이 그의 병실을 찾았다. "일후야! 좀 어떠냐?" "자식! 이번엔 꾀가 심한 것 같네!" 그를 본 친구들의 말이다. 그는 항암제투여로 인해서 기력이 매우 쇠한 상태였다. 게다가 지난밤을 꼬박 새웠으니 같이 웃어줄 만한 기력조차 남아있지 않았다. 그럼에도 찾아온 친구들에게 자신의 존재감을 확인시키기 위해 기어들어가는 소리로 우스갯소리를 한다. "자식들, 니들 내 대신 여기 하루만 누워볼래…!" 평소의 그다운 말이다.

잠시지만 그는 지친 몸을 누인 채 친구들과 이야기를 나누고 있다. 친구들은 병문안을 오기 전 일찍 그의 집을 찾아서 바람의 피해가 없는지 살펴보았단다. 지난밤 태풍에 피해가 있을까 걱정이 돼서 아침이 밝자마자 그의 집으로 달려갔고, 그가 분신처럼 가꾸어 온 화분들이 태풍 때문에 난장판이 된 것을 모두 제자리에 놓고 주변을 정리하고 왔노라고 했다. 친구들은 옥상에 화분이 328개나 있더라고 하면서 그 몸으로 그렇게 많은 화분을 어떻게 관리하느냐고 핀잔을 주었다.

그는 평소에 각종 화초류를 기르면서 취미생활을 하고 있다. 정성을 다해서 기른 화분을 주변의 지인들에게 나눠주기를 기뻐하면서 지내는 그였다. 나도 그로부터 여러 차례 화분을 선물로 받았다. 한데 그가 입원하게 되자 화분들이 갑자기 고아가 된 것이다. 부인이나 자녀들은 생업과 그의 입원비를 마련하기에 바빠서 옥상에 있는 꽃을 돌보는 것이 녹록하지 않기에 그의 마음이 더 집에 가 있었던 것일까.

이러한 형편을 잘 알고 있는 친구들이 이른 아침 그의 집을 찾아가 가족들과 화분을 살핀 후에 병원으로 왔던 것이다. 그 자신도 몇 개의 화분이 있는지 몰랐는데 친구들이 흩어진 화분들을 정리하고 알려주었단다.

사람은 만남과 관계를 통해서 산다. 만남을 통해서 존재감과 존재의미를 확인할 수 있는 것이 인간이다. 그는 혼자가 아니다. 입원하고 있는 그를 생각하면서 제일 먼저 그의 집으로 달려갔던 친구들, 그들이 있기에 투병하고 있는 그는 외롭지 않고, 걱정을 덜 수 있는 것이 아닐까.

항암제투여를 마친 그는 며칠 사이에 많이 수척해진 모습이다. 하지만 그만의 특유한 유머로 자신의 친구를 내게 자랑한다. "내 생전에 그런 태풍 처음으로 경험했어요. 정말 굉장한 놈이었는 걸요." 그는 마치 자신이 직접 경험한 것처럼 실감나게 이야기한다. 하지만 그가 말하고 싶어 하는 것은 사실 그의 친구들이었다.

"그래도 짜~~식들이 새벽같이 우리 집으로 달려왔다네요. 흐흐흐."

그의 얼굴엔 행복이 가득했다.

여기 사람이 있습니다

전화벨이 울렸다. 한 작은 식당을 운영하는 이웃이다. "웬일이세요? 몸은 좀 어떤지요?" 나도 모르게 그의 안부를 물었다. 뜻밖의 전화를 받으면서 그에게 미안한 마음이 앞섰기 때문이다. 그는 암과 투병하고 있는 중이다. 지난주까지만 해도 항암제 투여를 위해서 입원하고 있었는데 병문안도 못 갔기에 갑작스런 그의 전화를 받는 순간 반갑기도 하고 미안한 마음이 들었다.

"목사님, 제가 입원하고 있는 동안 인사도 제대로 드리지 못하고 식당을 닫게 돼서 죄송해서요. 오늘 저녁에 시간이 어떠신지요. 혹 괜찮으시면 저희 집에서 저녁이나 같이 할까 해서 전화를 드렸습니다." 그의 전화 목소리는 사뭇 진지했다.

그는 내가 목회하는 교회의 신자가 아니다. 이웃으로서 그가 운영하는 식당에 자주 가게 되었고, 음식이 깔끔하고 집에서 먹는 것과 같아서 끼니를 해결해야 하는 상황이 되면 종종 가곤 했다. 한데, 주변에 지하철 공사를 하기 시작하면서 손님도 많이 줄고 경영상의 어려움이 있어서 이참저참 해서 식당을 그만두게 되었단다. 오랫동안 이웃으로 지냈는데 인사도 못하고 문을 닫아서 죄송한 마음이 들어 식사라도 같이 하고 싶다는 것이다. 전화를 받고 나는 다른 일정을 취소하고 가겠노라고 약속을 했다.

약속된 시간에 식당으로 들어섰다. 기다리고 있던 그는 반갑게 맞아주었다. 그리고 이내 부인이 주방에서 음식을 가지고 나왔다. 하지만 자신은 먹는 것이 따로 있으니 같이 먹지는 않겠다고 하면서 내게만 식사를 권했다. 독상을 받은 셈이다. 내가 식사를 마치기까지 그는 삶은 고구마를 조금씩 떼어먹으면서 이야기를 이어갔다. 자존감이 분명하고 삶에 대한 의지가 확실한 것은 이미 알고 있었지만 그의 입으로 지난날에 대한 이야기를 듣기는 처음이다.

그의 이야기는 쉼 없이 이어졌다. 자신은 건강이 좋지 않은데 아내가 혼자 식당을 운영하는 것이 버거운 것 같아서 문을 닫기로 했단다. 그 상황을 지켜보아온 터인지라 그의 말에 수긍할 수 있었다. 하지만 그러면 앞으로 어떻게 할 것인가 걱정이 앞섰다. 한데 정작 그는 여유로운 모습으로 크게 걱정하지 않는 듯 이야기를 이어갔다. 이미 드러내지 않으면서 일을 하고 있다는 것이다. 반찬을 준비해서 지인들에게 팔고, 농산물이나 수산물을 지인들에게 공급하는 일을 하고 있단다. 그러한 농수산물은 모두 각 지방에서 생산하고 있는 사람들로부터 직접 공급을 받아서 제공한단다.

식당을 운영할 때도 비록 가정식 백반을 주로 하는 작은 식당이지만 산지에서 직접 공급되는 식재료로 만들어 제공했다. 그는 가진 것이 많지 않지만 전국 각지에 자신을 신뢰하는 많은 사람들을 친구로 두고 있다. 그들이 식재료를 공급해주었다. 강원도, 충청도, 경상도, 전라도는 물론, 멀리 울릉도, 제주도까지 전국 각지에 그의 지인들로부터 보내오는 식재료들을 가지고 음식을 만들어 소신 있게 식당을 운영했다.

그가 운영하던 식당은 뜨내기손님은 거의 없었다. 손님이 요구하는 음식이 아니라 자긍심과 함께 자신의 이름을 걸고 만드는 음식이기에 안 되는 것은 안 된다고 한다. 비록 메뉴는 소박한 가정식 백반이지만 자신이 만든 맛을 긍지로 하여 손님을 맞았다. 그러한 그를 아는 이들이 그의 식당을 찾았던 것이다. 해서 언제나 단골들이 북적거리는 것이 그의 식당의 일상이었다. 단지 한 끼 식사를 위해서가 아니라, 그러한 그의 인간미가 좋아서 찾았던 이들일지 모른다.

나는 지난 몇 년간 그의 식당을 즐겨 찾았다. 언제 가도 집에서 준비한 음식과 다르지 않은 느낌과 맛 때문이었다. 한결같은 음식의 맛은 언제고 다시 찾고 싶어지게 했다. 실제로 그는 그 맛을 지키려고 애를 썼다. 나는 외출했다가 내 집을 찾아들듯 자연스럽게 그의 집을 찾곤 했다. 식사 때를 놓친 날이면 마치 내 집에 가듯이 전화를 해서 '지금 식사하러 갑니다.'고 하면 메뉴를 말하지 않아도 알아서 그날 준비된 식사를 차려주곤 했다. 때론 그가 천렵을 해서 잡아온 여러 가지 민물고기로 어죽을 끓여 놓기도 했다. 그런 날 단골손님이 오면 "혹 좋아하시면 어죽이 있는데 드실래요?" 그렇다고 값을 달리 받지도 않았다.

그의 식당의 한결같은 맛은 한 번 먹어본 사람이라면 다시 찾게 된다. 그래선지 식사를 한 후에는 "혹 반찬을 팔 수 있느냐?"라고 하는 사람들이 많았다. 그것이 동기가 되어 식당을 닫은 후에 쉬엄쉬엄 반찬을 만들어 공급하는 일을 하겠다는 계획을 이야기했다. 많은 돈을 벌겠다는 것도 아니고, 놀 수는 없으니 일거리를 만들어서 소일도 하고 생활비도 보태겠다는 생각으로 한단다.

이 글을 쓰다가 문득 그가 생각나서 전화를 했다. 목소리가 많이 가라앉아 있었다. 왜 그러느냐고 묻자. 그는 특유의 톤으로 "아이고, 다리 자르는 줄 알고 마음고생 많이 했어요." 하는 것 아닌가. "왜요?" 다그쳐 물었다. "암 조직이 몇 군데서 자라는 것이 발견돼서 그걸 제거하는 수술을 다시 했어요. 그런데 다리를 잘라야 할 것 같다고 해서 마음이 많이 힘들었어요." 그 이야기를 듣는 순간 가슴이 철렁했다. 며칠 사이에 그에게는 많은 일이 있었던 것이다.

전화를 끊고 더 이상 글을 이어가지 못한 채 나도 모르게 중얼거렸다.

'참 좋은 사람인데, 참 신실한 사람인데….'

혼잣말로 몇 번이나 되뇌이기만 했다.

'사람 같은 사람을 만났는데…, 이웃하면서 함께하고 싶은 사람인데….'

마이센의 아침

좁은 비행기 안에 꼼짝없이 12시간이나 갇혀서 날아오느라 많이 피곤한 탓일까. 떨어지지 않는 눈꺼풀을 비비며 겨우 일어나 창밖을 내다보니 지난밤 볼 수 없었던 이국의 정경이 눈을 번쩍 뜨게 했다. 몸은 피곤하지만 걷고 싶은 마음이 나를 밖으로 불러냈다. 숲과 잔디가 어우러진 정경이 아름답기에 조용히 걸으며 아침을 열고 싶었다.

비록 하룻밤 머물고 지나갈 곳이지만 추억에 남기고 싶었다. 도심에서 멀지 않으면서도 넓은 구릉이 발달한 프랑크푸르트의 외곽에 자리하고 있는 마이센. 민가도 보이지 않고 구릉을 덮고 있는 숲과 그 사이에 자리하고 있는 호수, 그리고 너른 잔디밭이 이어주고 있는 공간이 나를 부르고 있다.

싱그러운 아침공기가 몽롱했던 정신을 맑게 해준다. 온갖 새들이 아침을 노래하고 있다. 지친 몸으로 나선 길이건만 녀석들의 아침 찬가는 온몸을 깨우기에 충분하다. 분요한 일상을 벗고 짧은 시간이지만 한가로움을 누릴 수 있어 좋다. 특별한 것이 아니어도 그저 평화로운 교외의 정경에 젖어드는 것만으로도 좋다.

그때, 아내가 발걸음을 멈추며 놀란 목소리로 "저게 뭐야!" 했다. 순간 나는 아내가 가리키는 곳으로 고개를 돌렸다. 눈을 의심하게 하는 정경이 거기에 있었다. 나무들 사이사이에 펼쳐진 잔디밭, 거기엔 토끼들이 뛰놀고 있었다. 한두 마리가 아니라 그득하다고 하는 것이 맞을 것이다. 마치 발걸음을 옮기면 밟힐 것 같다는 생각이 들 만큼 많다. 내 눈을 의심하지 않을 수 없는 것은 녀석들의 여유로움이다. 일정한 거리 이상을 좁혀주지는 않지만 다가가더라도 녀석들은 호들갑을 떨지 않는다. 한가롭게 풀을 뜯고 있는 녀석들의 모습은 부럽기까지 했다.

녀석들이 만들어주는 한가로운 정경은 자신을 돌아보게 한다. 우리네의 현실은 이웃도, 참새 한 마리도 사람을 경계하여 가급적 멀리하려고 하지 않는가. 분명 동행해야 하는 생명들이건만 사람을 가장 무서워한다. 이웃마저 경계해야 할 대상으로 여긴다. 이제는 경제적으로도 그만하건만 여전히 이런 광경을 보면 '저놈 잡아먹었으면 좋겠다!'는 생각을 본능적으로 하는 것이 우리네 자화상이기에 저들의 모습이 부럽게 느껴지는 것일까. 사람이 여유로우니 토끼도 여유로울 것이라는 생각에 우리 땅의 토끼들에겐 미안한 마음이다. 주변에서 쉽게 접할 수 있었던 토끼들은 더 이상 흔적조차 찾을 수 없다. 깊은 산속에나 겨우 남아있는 것이 우리의 현실이기에.

나도 모르게 하늘을 우러렀다. 혹여 토끼의 천적은 없는지…. 매나 독수리 같은 맹금류가 있다면 녀석들이 이렇게 자유롭지 못할 텐데 하는 순간의 생각이 나도 모르게 하늘을 응시했다. "그럼 그렇지." 혼잣말로 중얼거린다. '맹금류가 없으니 너희들이 이렇게 한가롭지.', 자신도 모르게 '가제는 게 편'이라고 변론하고 있는 나의 모습이다. 결국 사람 탓이건만 나도 모르게 맹금류가 없기 때문이라고 변명하고 있으니 나도 별수 없는 게다.

미안한 마음으로 토끼들이 열어주는 길을 따라 조심스럽게 발걸음을 옮긴다. 걸어가는 만큼 적당한 거리로 물러가는 녀석들이지만 그래도 여유로움은 잃지 않는다. 잠시 귀를 쫑긋하고 주변을 살피면서도 도망가지 않는다. 누군가 녀석들을 향해서 뛰어간다면 놀라서 도망칠 것이다. 누군가 잡으려 한다면 필사적으로 도망을 칠 것이다. 누군가 돌이라도 던진다면 생존을 위해서 호들갑을 떨 것이다. 그리고 사람들이 나타나는 것을 지극히 경계하며 점점 멀어질 것이다. 그러니 녀석들이 여유롭다는 것은 아무도 저들을 해하려 하지 않고 놀라게도 하지 않는다는 반증이 아니겠는가.

그렇다. 모든 것이 더불어 살 수 있도록 지음을 받았건만 인간이 자신의 욕구를 채우기 위한 대상으로만 생각한다면 저들도 결코 인간의 주변에서 여유롭지 못할 것이다. 녀석들의 한가로움에 지금까지 달려온 자신의 모습을 돌아본다. 무엇을 위해서 달리기만 했는지. 달리면서 과연 주변을 돌아보기는 했는지. 아니 돌아봐야 한다는 생각조차 하지 못한 채 자신의 욕구를 채우기 위해서 달리기만 한 것은 아닌지.

작은 생명들과 함께 하는 마이센 사람들. 소유와 경쟁이 지배하고 있는 현실에서 끊임없이 본능적인 욕구에 사로잡혀 채우기만 하려 했다면 결코 만들어질 수 없는 정경이기에 그들이 부럽다. 걷는 사람도, 자전거를 타고 지나는 사람도 모두 여유롭다. 모두가 이웃이기에 그들은 지나는 길에서 만나는 토끼를 향해 아침 인사를 한다.

마이센의 아침은 평화로움과 여유로움으로 가득하다. 창조주가 허락한 아름다움을 간직한 채 모두가 함께하는 아침이다. 미물의 생명들조차 여유를 누릴 수 있는 곳, 마이센의 아침은 나그네에게도 쉬어가라 한다. 마이센의 아침은 지쳐있는 순례자들에게 지나온 길을 돌아보라 한다.

겨울로 가는 아침

뒤척거리기를 얼마나 했을까. 겨우 잠이 들었는가 싶더니, 이내 비몽사몽간에 생각이 이어진다. 혼잣말을 중얼거린다. '그래, 다 잊자. 그냥 떨쳐버리자. 그런 놈도 있고 저런 놈도 있는 것이지. 왜 이리도 아픔을 느껴야 하는가. 당사자는 아무렇지도 않은데…. 내 일을 위해 자야 한다. 자자!' 하지만 점점 침대가 무거워 견딜 수 없다.

더 이상 누워있을 수 없어 결국 일어나 책상에 앉았다. 답이 없는 질문은 아픔을 더할 뿐이다. 그러면서도 다시 묻는다. 무엇 때문에 이렇게 힘들어해야 하는지? 잠을 이루지 못한 채 뜬눈으로 하얀 밤을 새워야 하는지?

인간은 사유할 수 있다는 이유로 다른 생명들에 대해 스스로 우월의식을 가지고 있다. 굳이 만물의 영장이라는 말을 사용하지 않더라도 우월감을 가지고 우쭐거리고 있다. 그러나 정녕 인간은 다른 존재에 비하여 우월한가? 비록 미물의 생명들도 동족 간에는 생존을 위해 경쟁은 하지만 공존을 위한 협력과 배려를 본능적으로 한다.

한데 인간은 어떤가? 같은 종種이고, 다르지 않은 자신의 모습이기에 답이 궁하기만 하다. 그럼에도 자신만 백로이기에 다른 사람을 모두 까마귀라고 할 수 없는 것이 한계이니 어쩌겠는가. 오히려 밤새 묻고서도 변명을 할 수밖에 없다는 사실에 유구무언인 것을 어찌하겠는가.

뜬눈으로 밤을 보내고도 그럴 수 있는가 하는 생각에 분을 삭이기가 어렵다. 할 말을 잃은 채 멀리 창밖을 응시한다. 어느새 먼동이 트고 있다. 낮게 내려앉은 구름이 겨울로 가는 길목에서 회색빛 도심의 아침 고요를 지배하고 있다. 마치 밤새 응어리를 내려놓지 못한 채 자신에게 묻다가 미명을 응시하고 있는 내 마음처럼.

짐승들의 생존 원리는 단순하다. 끊임없이 먹이를 찾는 것이고, 종족번식을 위하여 짝을 찾는 것이며, 새끼를 길러내는 것이다. 그것은 생존의 목적이고 과정이며 의미다. 때문에 미물의 짐승일지라도 생존과 종족번식을 위해서는 목숨을 걸고 싸운다. 철저하게 자연 질서와 이치를 따른다. 그렇지 못하면 도태될 수밖에 없기 때문이다. 그러므로 동물들은 동물답게, 그렇게 사는 것이다. 그것을 탓하거나 어리석다고 한다면 그렇게 말하는 인간이 더 어리석은 것이리라.

하지만 동물에 비교하기엔 자존심이 상한다. 동물들처럼 오직 자신의 먹을 것을 위해서 선택하고 행동한다면 인간과 인간의 관계는 무엇인가? 곧 '너'는 '나'에게 있어서 단지 먹이경쟁에서 이겨야만 하는 대상일 뿐이란 말인가. 그리고 '나'는 '너'의 경쟁의 대상일 뿐인가. 먹을 것을 차지할 수 있다면 어떤 선택도 괜찮은 것인가. 생존과 종족번식을 위해서는 결코 양보할 수 없는 것이고, 자신에게 유익하다면 무엇이든 정당화할 수 있는 것인가.

얼마나 지났을까. 질문은 다시 질문을 잇고 있다. 인간도 단지 먹이경쟁에서 이기기만 하면 되는 것인지? 그리고 이겼다는 것으로 모든 것은 정당화되는 것인지? 모든 것이 먹이경쟁을 위한 것이었다면 인간이 동물과 다르다고 생각하는 것은 착각이거나 자기기만일 뿐 아닌가. 결국 인간의 싸움도 단지 먹이경쟁과 종족번식을 위한 선택이라면 동물들의 행태나 다르지 않은 것이기에 밤새 묻기는 했지만 유구무언인 채 아침을 맞는다.

창밖엔 점잖게 차려입은 사람들이 종종걸음으로 출근길을 재촉하고 있다. 이른 아침 생존경쟁의 현장으로 향하는 그들이 전장戰場에 나가는 군인들처럼 보이는 것은 밤새 스스로에게 물었던 자의 왜곡된 시각일지 모른다.

하지만 정당하게 일하고 그 대가로 사는 것이야 옳은 것 아닌가. 정당하지 못한 경쟁을 하고, 다른 사람에게 손해와 화를 입히면서 자기 몫을 더 챙기려는 것이 문제일 뿐. 비록 생존경쟁을 하더라도 인간답게 하는 것은 인간됨에 대한 확인을 동반하게 할 것이다. 이웃에 대한 이해와 배려를 통해서 공존할 수 있는 길을 만들어 가는 것은 인간으로서의 다름일 것이다.

그러나 세상엔 땀을 흘리지 않고 자신의 몫을 차지하려는 사람들이 꽤나 있는 것 같다. 어쩌면 그들은 저 출근길 대열에 없을지도 모른다. 굳이 이른 새벽부터 일터로 갈 일이 없을 테니 말이다. 어딘가에서 또 다른 기회를 엿보고 있다가 자신의 몫으로 챙길 수 있는 것이 보이면 결코 놓치지 않을 것이다. 악어가 먹잇감을 물고 온몸을 뒤틀어 자신의 몫으로 챙기듯이 이를 악물고 차지하고야 말테니 굳이 이른 새벽부터 부지런을 떨겠는가.

밤새 묻고도 답을 찾지 못한 채, 멀리 흑백 활동사진 되어 종종걸음으로 지나는 사람들의 모습을 응시하며 겨울로 가는 아침을 맞는다.

소포

밤이 늦은 시간 엘리베이터에서 내리는데 문 앞에 낯선 물건이 덩그러니 놓여있었다. 옆집에 배달되는 물건이겠거니 무심코 문을 여는데 큼직하게 쓴 글씨가 눈에 들어왔다. 커다란 박스에는 내 이름이 씌어있었다. 보낸 사람은 초등학교 동창 녀석이있다.

현관문을 열어놓고 박스를 들었다. 그런데 이게 웬일인가. 무거웠다. 가볍게 들리는 물건이 아니었던 것이다. 가방을 먼저 현관에 들여놓고 박스를 들어야 했다.

갑자기 박스 안에 물건이 궁금해졌다. 뭔데 이렇게 무거운 것일까. 옷만 갈아입고 박스를 뜯었다. 커다란 소포용 박스 안에는 20킬로그램 쌀 한 포대와 조그마한 비닐봉지에 담긴 고춧가루가 있었다. 그리고 편지봉투가 하나 들어있었다.

나는 편지봉투를 먼저 열었다. "목사님! 감사합니다. 지난번 저희

자녀 결혼식에 바쁘신 중에도 축복해주시고, 격려해 주신 것을 진심으로 감사합니다. 작으나마 저희들이 정성껏 농사지은 것을 보내드리니 받아주시면 감사하겠습니다. ○○○ 드림"

글을 읽는 짧은 순간 보낸 사람의 얼굴이 교차되면서 내 얼굴엔 미소가 지어졌다.

얼마 전이었다. 소포를 보낸 친구를 초등학교 한 동창생 어머니의 부음을 받고 조문을 갔을 때 그 자리에서 만났었다. 오랜만에 초등학교 동창들의 반가운 얼굴들을 만났다. 졸업한 후에 45년이나 지나는 동안 한 번도 만난 적이 없었기에 이름조차 생소하여 모르는 녀석도 있었다. 그럼에도 마치 매일 만났던 친구들처럼 반가웠다. 기억은 아련해도 초등학교 시절의 이야기를 꺼내니 모두가 공유하고 있는 옛 추억 때문인지 이내 하나가 되었다.

이야기가 무르익어갈 무렵 그 친구가 다가왔다. "목사님! 이따가 나 좀 꼭 보고 가!" 나는 고개를 끄덕였다. 뭔가 할 말이 있는 것은 분명한데 이야기가 한참 무르익은 터라 하고 싶은 말을 꺼내지 못하고 미루는 것 같았다. 시간이 얼마나 지났을까. 친구들의 이야기는 그칠 줄 모른 채 시간과 공간을 종횡무진하며 이어졌다.

적당한 시간에 일어서야겠다고 생각은 했으나 어디쯤에서 이야기를 끊어야 할지 모른 채 앉아있었다. 그 친구도 기다리고 있다가는 안 될 성싶었던 게다. 조용히 내 손을 잡더니 귀에다 대고 어렵게 속내를 이야기했다. "저, 우리 아들이 결혼을 하는데 자네가 주례를 해주었으면 좋겠는데 어떨지?" 하는 것이었다. 초등학교 동창생의 자녀 결혼식에 주례를 부탁받기는 처음이기도 하지만 의외였다. 나는 '왜! 훌륭한 분들이 많이 있는데 내게 부탁하는가?'고 물었다. "정치인들은 주례를 못하게 되어 있으니 그렇고 그렇다고 마땅한 인사가 있는 것도 아니니 자네가 제일 좋을 것 같네!"하는 것이었다.

주례는 내가 28살 때 처음 했던 기억이다. 당시 29살 먹은 신랑을 주례를 하는 것으로 시작해서 오늘까지 꽤 여러 쌍의 결혼을 경험했으니 그리 어려운 일은 아니다. 하지만 그 친구는 물론 사돈이 될 집안도 기독교 신앙을 가지고 있지 않은데 굳이 목사인 내게 부탁을 하는 것은 처음 경험하는 경우였다. 그는 초등학교 시절에는 반장이었고 지금은 초등학교 총동창회 회장도 하고 있는 친구다. 나름 많은 생각을 하고 부탁을 하는 것이니 못할 일도 아니라는 생각에 허락을 했다. 그리고 며칠 전 그의 부탁대로 기쁜 마음으로 주례를 했었다.

소포를 열어놓고 아내를 불렀다. "여보! 와서 이것 좀 봐!" 아내도 담겨진 쌀과 고춧가루를 보면서 여러 가지를 느끼는 모양이다. 소박하지만 진심을 담은 그의 마음을 읽으면서 한참이나 서 있었다. 돈으로 그것이 얼마나 가치가 있는 것인가는 중요하지 않다. 그가 썼듯이 자신의 땀을 담은 농산물 아닌가. 한순간의 땀도 아니다. 일년 내 흘린 땀이 담긴 쌀과 고춧가루다.

소포를 열어놓고 한참이나 앉아있었다. 그가 그것을 보내기 위해서 쌀포대와 고춧가루를 들고 우체국으로 갔을 것이고, 우체국용 소포박스를 구해 다시 포장했을 것이다. 그의 동선을 생각하면서 쌀포대와 고춧가루에 담긴 그의 마음을 읽었다. 결코 과장되지 않은, 그러면서도 진심을 담은 귀하고 아름다운 선물이었다.

요즘 돈이 없다는 이유로 마땅히 해야 할 도리를 저버린다는 뉴스들이 많이 전해진다. 돈으로 모든 가치를 소유할 수 있는 것도, 누릴 수 있는 것도 아닌데 말이다. 진심이 담기면 모든 것이 귀하고 아름다운 것인데, 그것은 담지 못한 채 눈에 보이는 가치에 매인다면 정녕 인간의 가치는 무엇이란 말인가?

그의 귀한 선물은 혼자 먹을 수 없어 쑥을 뜯어다가 떡을 해서 교우들과 나눠먹기로 했다. 그의 마음이 떡을 먹는 모든 이들에게도 전해졌으면 좋겠다는 마음으로….

커피를 마시고 싶을 때면

일본에서 유학생활을 하고 있을 때의 일이다. 일본인 동료학생 중 한 사람이 커피 마니아였다. 그는 늘 기숙사 방에서 혼자 커피를 내려서 마셨다. 그러던 어느 날 그의 커피를 얻어 마실 수 있는 기회를 얻었다. 그날 이후 나는 그와 가깝게 지내게 되었고, 거의 매일 어김없이 그가 커피를 내리는 시간이면 그의 방문을 두드렸다.

사실, 내가 그의 방문을 두드린 것은 커피를 마시기 위한 것이 아니었다. 나는 일본어를 익히기 위해서 이야기를 나눌 요량으로 그의 방을 찾았다. 커피는 그가 좋아하는 것이었기에 그 시간 함께하면서 이야기를 나누면 좋겠다는 생각에 그가 커피를 내리는 시간을 기다렸다가 그의 방문을 두드렸다. 의식적으로는 커피맛을 알려고 하지 않았다. 커피에 대한 특별한 관심도 없었다. 그러나 나는 그와 함께 시간을 보내면서 자연스럽게 커피의 맛을 몸으로 익혀갔다.

꽤 오랜 시간이 지난 어느 날 그는 난데없이 내게 커피를 마시러 가자고 했다. 나는 의아했다. 자기 방에 가면 커피가 있는데 굳이 커피숍으로 가자고 하는지 알 수 없었기 때문이다. 나는 "왜? 자기 방으로 가지…?" 하고 물었다. 내 질문에 그 친구는 아무 말 없이 씩 웃고 말았다. 내가 너무나 의아해해서인가, 조금 지나서야 그는 "오늘은 특별하게 마시고 싶다."라고 하면서 앞장서서 발걸음을 옮겼다.

나는 엉거주춤 그를 따랐다. 그는 학교에서 그리 멀지 않은 곳에 있는 한 커피숍으로 나를 안내했다. 그러나 정작 나는 꽤나 오랫동안 그곳에 살면서도 거기에 커피 전문점이 있는 것을 몰랐다. 조그마한 커피숍이지만 들어서는 순간 커피향이 인상적으로 느껴졌다. 커피와 함께 이런저런 이야기를 나누면서 그 주말을 보냈다.

두 주간쯤 지난 후 그는 졸업과 함께 영국으로 갔다. 그는 일본인이지만 영국에서 살던 사람이다. 일본에 와서 공부하고 영국으로 돌아가서 일하기를 원했던 그였기에 다시 영국으로 돌아간 것이다.

며칠 후 주말이 되었다. 갑자기 커피생각이 났다. 커피를 마시고 싶다는 생각을 하게 되면서 자연스럽게 겹치는 것이 그의 얼굴이었다. 2년이라고 하는 시간 동안 그가 내려주는 커피를 무심코 마시기만 했던 나는 자연스럽게 커피를 즐기게 되었던 것이다. 마실 때마다 그가 설명했던 것은 건성으로 들었다. 사실 거의 기억에 남기지 않았다. 굳이 내가 커피에 관심을 가지고 싶다는 마음이 없었기 때문이었다. 하지만 나도 모르게 이미 커피맛에 길들여져 있었던 것이다.

그런데 정작 나는 커피를 마실 수 있는 준비를 전혀 하지 못하고 있었다. 내가 커피를 마시고 싶다는 생각을 했을 때 순간 당황스러웠다. 내 스스로는 커피를 즐길 수 있는 준비를 하지 못했고, 그 순간 생각나는 것이 있었기 때문이다. 어느 날 그가 커피를 마시러 가자고 했던 그 커피숍이다. 그리고 나도 모르게 이미 나는 그 커피숍을 향해서 발걸음을 옮기고 있었다.

그 후부터 나는 자연스럽게 주말이면 혼자서 그 커피숍을 찾곤 했다. 커피 전문점인 그곳은 자신들이 선택한 콩을 직접 수입하고 자신들만의 노하우로 볶아서 가장 맛있는 커피를 준비하여 손님을 맞고 있는 전문 커피숍이다. 나중에 알았지만 그 도시에서 가장 유명한 커피집이었다.

그곳을 찾을 때면 언제나 구석진 창가에 있는 조용한 자리를 차지했다. 그리고 늘 즐기던 자마이카산 블루마운틴이라고 하는 커피를 주문했다. 주문한 커피가 나왔다. 커피잔을 들여다보는 순간 진한 커피 향과 함께 그의 얼굴이 교차되었다. 나도 모르게 피식 웃으면서 한 모금 마셨다. 그리고 혼잣말로 '녀석! 내가 이럴 줄 알고 커피 마실 집을 알려주고 졸업했다는 말인가?' 하고 중얼거렸다.

그는 마지막까지 아무 말도 하지 않았다. 자연스럽게 커피를 마시러 가자고 했을 뿐, 후에 이러한 상황이 올 것이라는 말을 내게 하지 않았다. 그러나 그는 이미 내가 어떻게 될 것이라는 것을 생각하고 졸업하기 전에 커피를 마실 수 있도록 배려했던 것이다.

갑자기 커피가 마시고 싶었다. 주변에 커피 전문점이 있는지 수소문하여 찾아 나섰다. 멀지 않은 곳에 커피콩을 직접 볶는 카페가 있었다. 요즘 트렌드가 그런 것처럼 이름도 나름 고상하고 인테리어도 심플하면서도 뭔가 다른 느낌을 주는 곳이었다. 문을 열고 들어서는 순간 코끝에 와 닿는 커피 향이 온몸을 자극했다.

주문한 커피가 테이블 위에 놓였다. 그 순간 커피잔에는 낯익은 얼굴이 떠올랐다. 그였다. 언제부터인가 커피를 마시고 싶을 때면 나는 그를 생각하게 된다. 한 사람을 이해하고 배려하기 위해서 세심하게 살폈던 그다. 비록 나보다 나이는 어렸지만 생각이 깊었던 것을 나중에야 깨달았을 때 이미 그는 내 곁에 없었다.

나는 커피잔에 있는 그를 향해 '넌 참 멋진 녀석이다!'고 중얼거리는 것이 습관처럼 되었다. 그의 배려가 지금도 나의 마음을 조용히 울리고 있기에….

8부

부안가는 길

부안가는 길 ①

– 봄이 오는 날이면 부안에 가고 싶다

시장기가 인내력의 한계를 무너트렸다. 나는 달리 여유를 가지지 못한 채 '바지락죽'이라는 간판이 걸려있는 식당의 문을 열고 들어섰다. 생소한 메뉴에 망설일 수밖에 없었지만 시장기는 선택의 여지를 허락하지 않았다.

주무하고 얼마나 시간이 흘렀을까. 커다란 대접에 가득 담긴 죽이 나왔다. 처음 대하는 음식인지라 호기심과 걱정이 교차했다. 하지만 망설일 틈도 없이 그새를 못 참고 빨리 먹어야겠다는 생삭이 나를 몰아갔다. 그렇다고 어디 죽이 빨리 먹을 수 있는 음식이던가. 급할수록 천천히 먹을 수밖에 없는 것이기에 잠시 숨을 고르고 한 숟가락 입에 넣었다. 그 순간 입안에 가득 퍼지는 시원하면서도 구수하고 상큼한 바다내음까지…, 형용하기 어려운 맛의 심오함이 전율을 느끼게 했다.

누가 바지락으로 죽을 쑤어먹을 생각을 했을까. 기막힌 발상이고 탁월한 아이디어가 아닐 수 없다. 어쩌면 먹을 것이 없었던 시대에 조금이라도 포만감을 더 느끼고 여러 사람이 먹을 수 있는 방법을 찾다보니 만들어낸 것이 아닐까. 아니면 패류 중에 가장 흔하고 싼 것이 바지락이기에 가난한 이들이 부담 없이 먹을 수 있는 죽으로 거듭나게 할 수 있었던 것 아닐지. 그도 아니면 비록 죽일지라도 맛을 낼 수 있는 요량으로 넣어보았던 바지락이 다행히 궁합이 맞았던 것일까.

어쨌거나 처음으로 맛보는 죽이지만 정말 맛있게 한 그릇을 뚝딱 해치웠다. 꽤나 많은 양인데 특별한 맛 때문에 다른 생각을 할 겨를도 없이 먹어치웠다. 그리고 마지막 숟가락을 놓으면서야 내가 언제 이렇게 죽을 맛있게 먹었던 적이 있었는지 스스로 놀랐다.

내게 있어 죽은 정말 먹기 싫은 음식이었다. 어린 시절의 봄날은 생존을 위해서 먹을 것을 찾아 헤매야 했다. 당시 우리 집의 형편은 죽이라도 먹을 수 있으면 다행이었다. 물론 이웃들도 다르지 않았다. 그중에도 넉넉하지 못했던 피난민들의 생활은 무엇이든 먹을 것을 찾아야 했다. 하지만 찾는다고 어디서 뚝 떨어지는 것이 아니기에 먹을 수 있는 것이라면 무엇이든 찾아야 했던 시절이었다.

춘곤기가 다가오면 아이들은 자연스럽게 들로 산으로 먹을 것을 찾아 나섰다. 그것은 생존본능에 따른 자발적 행동이었다. 집에 있다고 먹을 것이 나올 데가 없음을 너무도 잘 알기에 누구랄 것 없이 어울려 들에서, 산에서 무엇이든 찾아야 했다. 겨우내 얼었던 땅이 녹기 시작하면 아이들은 너, 나를 막론하고 먹을 것을 찾아 나섰다.

이른 봄 그중 좋은 먹을거리는 칡뿌리였다. 하지만 어디 칡뿌리가 그리 흔했던가. 그마저 제몫으로 차지하기 위해서는 또래들과 경쟁을 해야 했다. 게다가 칡을 캐는 일이 예삿일이 아니었기에 좀 더 나이를 먹은 형들의 차지가 될 수밖에 없었다. 그래서 선택한 것은 아직 푸성귀들이 자라지 못하는 이른 봄날 갈대밭에 가서 삽으로 뿌리를 끊어내어 대충 흙을 털어내고 그냥 씹었던 기억이다. 짐짐한 맛이지만 잠시라도 허기를 잊을 수 있는 방법이었다. 그즈음 갈대밭 주변엔 갯냉이 뿌리도 씹을만한 먹을거리였다.

쑥이라도 자랄 즈음이면 이런저런 풀들의 싹이 돋는다. 특별히 독성이 없는 풀이라면 무엇이든 열심히 뜯어다 잔뜩 넣고 풀떼기, 범벅, 그리고 죽을 멀겋게 쑤어 먹었다. 어쩌다 먹는 것이 아니고 허구한 날 먹어야 하는 죽은 더 이상 싫었다. 그러면서도 허기진 배를 채워야 하는 상황에서 먹을 수밖에 없었던 것이 죽이었기에 평소에 일부러 죽을 찾는 일은 없었다. 하니, 내게 있어 죽은 결코 먹고 싶은 음식이 아니었다. 세월이 꽤나 지났음에도 죽이라면 어떤 것도 먹고 싶다는 생각이 없었다.

한데 가족과 함께 여행을 하다가 할 수 없이 찾아든 식당에서 바지락죽을 선택의 여지도 없이 먹어야 했던 것이다. 그 순간 지금까지 내게 고정관념화 된 죽에 대한 생각을 바꾸게 되는 계기가 되었다. 어쩌면 넉넉한 시대가 되어 가지게 된 여유 때문일시 모를 일이다. 하지만 부안의 바지락죽은 내게 죽에 대한 생각을 완전히 바꾸게 했다. 흔히 칼국수의 맛을 내는 정도로 대할 수 있는 바지락이었는데 죽의 재료로 거듭나니 상상할 수 없는 죽맛을 내게 선물해 주었기 때문이다.

아직 옷깃 사이로 스며드는 봄바람 탓일까. 어느 봄날 찾았던 변산 바닷가의 식당에서 먹었던 바지락죽이 생각난다. 망각의 존재인 까닭인가. 죽이라면 고개를 설레설레 흔들었건만 바지락죽을 그리워하는 자신의 모습을 생각하니 나도 모르게 웃음이 난다.

그래서인가, 오늘처럼 촉촉이 비와 함께 봄이 오는 날이면 부안에 가고 싶은 것이.

부안가는 길 ②

– 모항

호젓하다 해야 어울릴 법한 작고 아늑한 백사장. 그 앞에는 호수 같은 서해가 작은 섬들을 오롯이 품고 있다. 반도의 한 자락에 조용히 자리한 채 넉넉한 엄마의 품을 느끼게 한다. 언덕 아래로 다소곳이 자리한 해변은 길손들의 발걸음을 멈추게 한다.

하지만 정작 변산반도를 찾는 이들 중에는 이곳을 모르는 사람들이 많다. 무심코 지나던 사람들이 모항의 자태를 발견하는 순간 가던 길을 멈추고 언덕을 내려가 그 품에 안긴다. 그냥 지나칠 수 없을 만큼 포근하고, 여유롭고, 아담한 해변이 지나는 길손들을 미혹하고 있기 때문이다.

이 나라에 이렇게 아름다운 해변이 있었던가? 아름다운 모항이 차라리 낯이 설다 해야 할 것 같다. 산허리에 걸려있는 길을 따라 가노라면 자드락으로 이어진 해변이 걸음을 멈추게 한다. 무심코 아름다움에 끌려 내려선 곳. 그곳엔 해풍을 당당하게 막아서고 있는 작은 송림松林이 있다. 낙락장송이라 할 만큼 넉넉한 가지는 없지만 기개와 품위를 간직하고 있는 적송림은 나그네에게 쉼을 허락하기에 충분하다. 솔가지와 잎을 스치는 바람소리가 시원함을 더한다. 솔잎을 스친 바람이 송림을 찾은 나그네의 몸과 마음을 어루만진다.

송림을 내려서자 오랜 세월 들물과 날물이 만들어준 백사장이 한 아름으로 나를 품어준다. 반도의 서쪽에 자리한 격포항은 황해를 건너온 대륙의 바람을 온몸으로 막아서야 하기에 거센 파도소리가 때로 두려움마저 느끼게 한다. 하지만 여기 모항은 온화하다 할 만큼 여유롭다. 단아한 자태가 매혹적이다. 파도의 거친 숨소리마저 들리지 않기에 호수 같다.

지중해가 만들어준 최고의 해변이 나폴리라고 한다 한들 어디 여기 모항만 할까. 굳이 비교하자면 나폴리는 뜨거운 태양과 절벽들이 펼쳐져있는 남성적 해변이라면 여기 모항은 온화한 햇살과 엄마의 품 같은 포근함이 있는 서해가 만들어준 최고의 해변이리라.

비록 이탈리아의 나폴리처럼 넓고 거대한 절벽이 없고, 주변에 도시는 더더욱 없다. 대양을 마주하고 있지도 않다. 서해의 섬들을 비켜온 바람이 겨우 도달하는 곳이기에 바람소리조차도 여유롭다. 산허리에 걸린 길은 나폴리의 언덕만큼 가파르지 않다. 그래서 더 여유로운 길이다. 모항의 품에 안겨본 사람이라면 굳이 이곳을 나폴리와 견주지 않더라도 이보다 좋은 곳은 없으리라고 하지 않을까.

해변의 모래밭에서 잠시 쉼을 허락받았다. 저녁나절 종일 지구를 덥히느라 쉬지 않고 불을 지폈던 태양이 잠자리에 들어가는 마지막 모습을 온 가슴으로 품는다. 장열하게 불타던 태양이 남긴 자취가 만들어준 노을이 황홀경에 빠지게 한다. 멀리 작은 섬들 사이로 하루를 마감하는 태양은 전사자의 장렬한 최후인 듯 핏빛으로 황해를 물들인다. 서서히 잠드는 태양은 자신의 존재를 확실하게 각인시키려는가. 한눈조차 팔지 못하게 한다.

붉게 물들었던 바다가 잠들기 시작할 즈음이면 멀리 서해에서 숨 가쁘게 달려온 파도가 모항 해변에 다다른다. 하지만 노도의 거친 모습은 온데간데없다. 자식을 위해서라면 무엇이든지 품을 수 있는 엄마의 품이 이런 것일까. 아무리 거친 파도도 모항에 이르면 숨을 고르면서 잦아든다. 먼 길 달려온 파도가 잔잔한 물결 되어 발등을 스친다. 모항은 작지만 넉넉한 가슴으로 나를 품는다. 잔잔한 물결은 더 이상 파도라 할 수 없다. 물결은 내게 속삭이듯 다가온다. 조용한 자장가로 이제는 쉬라 한다.

태양이 잠든 모항은 별들의 세상이다. 잔잔한 바다물결에 내려앉은 별빛들이 그대로 시가 되고 노래가 된다. 분주하게 살면서 지치게 한 온갖 무거운 짐을 내려놓게 한다. 쉼을 얻으려는 삶의 여정이건만 정작 분주하고 지치게만 했는데 모항의 품에 안기니 그대로가 쉼이다. 서해를 건너온 바람이 순풍되어 지친 몸과 마음을 어루만지며 이제 그만 쉬라 한다. 멀리 달려온 파도도 이제는 잠들라 한다.

모항은 나를 품어 하룻밤 쉬라 한다. 나그네로 찾았건만 낯선 사람이라고 마다하지 않는다. 기꺼이 품어주기를 마다하지 않는다. 해서인가. 시간이 흐르는 것을 잊은 채 그 품에 안겨 쉼을 얻는다. 가까이 내려앉은 별들과 함께, 살랑 스치는 바람과 함께, 멀리 물결 위에 춤추는 소리와 함께 모항에서 쉼을 얻는다.

부안가는 길 ③
– 매창

낯선 이름이다. 부안을 찾아가는 길에서 생면부지의 한 사람을 알게 되었다. 그 이름이 아름답다 하기에는 시대적 감각에 뒤진 것 같지만 예사롭지 않다는 생각에 호기심이 발동했다. 범상치 않은 이름 하나만 가지고 물어물어 그녀를 만날 수 있는 곳으로 찾았다. 낯설기만 한 곳에서 처음 알게 된 사람을 불쑥 찾아간다는 것이 쑥스럽지만 호기심은 발걸음을 멈추게 하지 못했다.

알게 된 이상 꼭 찾아보고야 말겠다는 심산으로 뜨거운 여름날 작열하는 태양을 마다하지 않고 발걸음을 옮겼다. 지역 문화원을 찾아가 자료를 확인하면서 소개를 받을 심산이었다. 그런데 이게 웬일인가. 바로 문화원이 있는 곳에 내가 찾으려는 그녀의 흔적들이 있는 것 아닌가? 그만큼 이 지역의 역사적 인물인데 그녀를 몰랐다는 고백을 할 수밖에 없었다. 모른다고 부끄러울 일은 아니나 겸

연쩍기는 했다. 굳이 모른다고 책할 사람도 없지만 황진이는 알면서 매창을 모른다고 하면 이 또한 조금은 미안하다 할는지.

문화원의 문을 열고 들어섰다. 양해를 구한 후 매창이라고 하는 분에 대한 자료가 있는지 물었고, 가능하면 쉽게 알 수 있는 자료를 부탁했다. 내 말이 끝나자마자 너무나 잘 알고 있다는 듯 자료를 몇 권 내게 내밀었다. 자료를 받아들면서 당황하는 나의 모습을 감출 수 없었다. 생소한 이름이지만 그녀가 남긴 시와 사랑이 너무나 아름다운 것이었기 때문이다.

자료를 받아들고 그 자리에 잠시 앉았다. 그 길로 자료를 읽어가기 시작했다. 읽어갈수록 관심이 더해갔고 매창의 매력에 빠지기 시작했다. 모든 것을 알아야 하고, 모든 사람을 알아야 하는 것은 아니나 황진이를 말한다면 매창을 언급해야 한다는 생각을 하면서 잠시지만 그에 대해서 알기를 원했다.

매창(梅窓, 본명은 이향금, 1573~1610), 낯선 이름이다. 그녀의 태생과 생애는 기구하기만 했다. 그녀는 아전인 이탕종과 한 관비官婢 사이에서 태어났다. 아비는 이곳저곳 서당을 찾아다니며 훈장질을 해서 먹고 살던 가난한 선비였다. 매창은 아비를 따라다니며 어깨너머로 글을 익혔다. 영특한 머리 때문만은 아니겠지만 아홉 살 때 이미 논어와 맹자를 떼었고 한시도 곧잘 지었다고 한다.

매창이라는 기명을 자신이 짓고 숙명적인 선택을 한 그녀는 기적妓籍에 올려 기생으로 살아야 했던 기구한 삶이었지만 그녀는 사랑과 풍류를 알았고 그것을 자신의 삶과 시를 통해서 남겼다. 비록 신분 때문에 결코 이룰 수 없는 것이었지만 그녀는 애틋한 사랑과 멋들어진 시를 남겼다.

그녀는 기생으로 이름을 남긴 것이 아니라 시로써 자신의 이름을 남겼다. 정식으로 한학을 공부한 것은 아니지만 그녀가 남긴 시들은 읽는 이들로 하여금 감복하게 했다. 특별히 그녀의 시가 남겨질 수 있는 것은 운명적인 한 남자와의 만남 때문이었다. 그녀가 18세 때 부안의 현감縣監으로 부임했던 유희경을 만나 사랑에 눈을 떴고, 유희경은 기생을 가까이하지 않았던 사람이지만 매창을 만나 많은 나이 차이에도 불구하고 사랑을 익혔다. 하지만 두 사람의 만남은 길지 않았다. 두 사람이 사랑에 눈을 뜨게 된 것이 1590년이었고 2년 뒤 왜군들이 쳐들어왔다. 임진년 왜군들에게 나라가 짓밟히게 되었을 때 유희경은 의병을 일으켜 부안을 떠나야만 했다.

이렇게 헤어진 두 사람은 다시 만날 수 있는 날에 대한 기약이 없었다. 유희경이 부안을 떠난 후 매창은 임에 대한 사랑을 〈이화우梨花雨〉라고 하는 시에 담았다.

> 이화우 흩날릴제 울며잡고 이별한 임
> 추풍낙엽에 저도 날 생각하는가
> 천리에 외로운 꿈만 오락가락하노라

이 시를 전달 받은 유희경은 '매창을 생각하며'라는 시제의 글을 보냈다. 시에 담긴 유경의 마음이 보인다. 하지만 그는 다시 매창을 만나지 못했다 하니 이 또한 비극이 아니던가.

> 그대의 집은 부안에 있고
> 나의 집은 서울에 있어

그리움 사무쳐도 서로 못 보고
오동나무에 비 뿌릴 제 애가 끊겨라

그녀는 절색의 미녀는 아니었지만 탁월한 글 솜씨를 가진 조선시대 남부를 대표하는 기녀였다. 북쪽에 황진이 남쪽엔 매창이라고 하는 두 여인이 조선의 명기로서 유명세를 떨쳤던 것이다. 그런데 일반적으로 황진이는 알고 있거나 그 이름만으로도 존재를 확인하는 것은 어렵지 않다. 반면에 매창은 아는 이가 별로 없다.

그녀가 세상에 알려진 것은 허균 때문이다. 그가 매창의 시와 노래와 풍류에 탁월함을 알았고 그녀와의 교류를 통해서 한 기녀의 풍류와 세류에 대한 지식에 감탄하여 여러 선비들을 소개한 까닭이다. 매창을 소개받은 심광세나 한준겸 등 당대의 식견이 높은 선비들이 그녀와 우정과 사랑을 시로 나누면서 그녀의 탁월한 시적 능력 또한 세상에 알려졌다고 한다.

비록 기녀였지만 시로써 시대를 풍자했고 사랑을 노래했다. 글 솜씨가 탁월하니 당대의 유학자들조차 글 상대로 여겨 주고받은 것은 신분과 남과 여가 유별했던 시대에 결코 쉽지 않은 일이다. 그럼에도 그녀의 글 솜씨가 탁월했기에 글 상대가 되었고, 그녀가 남긴 글을 모아 책으로 엮었으니 ≪매창집≫이다. 어느 평론가는 최근에 ≪매창집≫을 평하면서 “시와 사랑으로 세상을 품은 조선의 기생”이라고 했다.

하나 한 여인으로서 사랑했던 임을 다시 만날 수 없는 그리움을 가슴에 묻고 “긴 털 병든 날개 죽음을 재촉하니, 슬피 울며 해마다 놀던 언덕 그리워하네”라고 노래하며 생을 다했다. 비록 젊은 나이에 요절했지만 그녀의 시와 노래는 못다 이룬 꿈과 사랑을 남겨놓았다.

매창공원엔 그녀가 남긴 시들이 찾는 이들을 반기고 있다. 한편씩 읽어가노라니 작열하는 여름날의 태양도 발걸음 멈추게 하지 못한다. 공원에 세워진 시비들을 모두 읽어보고서야 그늘을 찾아 잠시 앉았다. 덥고 지칠 날씨였지만 매창을 만난 기쁨에 쉼과 여행의 보람을 더하는 하루였다.

부안가는 길 ④

– 곰소

곰소, 지명이 참 특이하다는 생각이 나를 이끌었다. 하지만 막상 곰소에 이르면 특별하기보다는 평범한 곳이라는 느낌이다. 젓갈이 유명세를 타면서 가을이면 많은 사람들이 찾는다. 단체 여행객들을 맞기 위함인지 새롭게 만든 대형주차장이 덩그러니 공터를 이루고 있다. 여름날 그곳은 휑하니 공터일 뿐이다. 다만 '아! 가을이면 이곳을 찾는 사람들이 많은 모양이구나!' 하는 생각을 하게 한다.

좀 실망스러운 첫 인상을 받으면서 곰소 안으로 들어선다. 골목길에 차를 대고 곰소항 시장으로 발걸음을 옮겼다. 짭조름한 바닷물 냄새를 더욱 진하게 하는 각종 젓갈냄새가 코를 씰룩거리게 한다. 결코 향기와는 거리가 먼 냄새다. 하지만 허름한 골목에는 작은 간판들이 세수도 하지 않은 채 얼굴을 내밀고 있다. 얼마나 오랫동안 세수를 하지 않았는지 묵은 때가 마치 검댕을 바른 것 같다.

하지만 찾는 이들은 얼굴을 보지 않는 것 같다. 저마다 두리번거리지도 않고 찾아드는 것을 보면 이미 익숙한 얼굴인 모양이다. 어쩌면 얼굴보다는 손맛을 좋아하는 것일지 모른다. 골목에서 한참이나 지켜보았지만 누구도 망설임이 없다. 제집 들어가듯 쉽게 낮은 문턱을 들고난다.

나는 이곳에 오기 전에 소개를 받아서 내가 갈 곳을 이미 마음에 두고 골목에 들어섰다. 조심스럽게 골목을 따라 들어갔다. 간판들이 부담스러우리만큼 허름하다. 게다가 드나드는 문도 대부분 임시방편으로 만들어놓은 것이다. 전쟁 후에 임시로 만든 간이시설 같은 집들이 늘어서 있다. 여유를 가지게 하기보다는 왠지 불안을 느끼게 하는 분위기다.

드디어 소개받은 집을 찾았다. 다른 식당들과 다르지 않은 집이다. 알루미늄 새시로 된 미닫이문을 열고 얼굴을 들이밀었다. 몸은 들어가지 않은 채 머리만 안으로 밀어 넣고 잠시 두리번거리며 안을 살폈다. 과연 들어가도 될 것인지. 워낙 허름하기에 내키지 않았으나 여기까지 들어오는 골목에서 만난 집들도 다르지 않았기에 일단 체념을 하고 겨우 발을 들여놓았다.

나는 내실로 안내를 받았다. 방이라야 손님을 맞기 위해서 만들어진 것이 아니다. 장사가 끝나면 주인장과 가족들의 침실이기도 한 방이다. 무엇을 먹어야할지 몰라 물었다. 하지만 돌아오는 대답 역시 기대하지 못했던 것이다. 무슨 말인지 잘 해독이 안 되는 사투리로 퉁명스러운 대답이 돌아왔다. 못 알아들은 채 멍한 순간이 지났다. 결국 깨닫게 되는 것은 이 집에는 특별한 메뉴도 없고 젓갈백반이 전부라는 것 같았다.

주문을 하고 음식이 나오기를 기다렸다. 음식을 만드는 주방이나 주거공간이 별도의 구별이 없이 사용하는 곳이다. 음식을 만드는 것을 방에서도 볼 수 있다. 어떤 맛의 음식이 나올지, 기대감보다는 염려가 앞선다. 주방환경이 열악하기 그지없기 때문이다. 주방장도 별도의 위생복을 입지 않았다. 다른 생각보다는 과연 어떤 음식이 나올지 기대 반 걱정 반으로 주방을 응시하면서 시간을 보냈다.

드디어 음식이 나왔다. 초라할 만큼 소박한 상차림이다. 화려한 색상도 없다. 반찬이 모두 젓갈이니 굳이 색상이라고 하면 곰삭은 색이라는 표현이 가능할지 모르겠다. 갖갖이 젓갈을 담은 상차림은 그야말로 젓갈 전시장과 같다. 젓갈이 담긴 그릇도 마찬가지다. 시장골목에 있는 허름한 음식점에서 경험할 수 있는 그런 찬그릇이다. 그릇이나, 색상이나 무엇 하나 입맛을 당기게 하는 것이 없다.

하지만 소개까지 받은 터인데 어찌하겠는가. 시장골목의 음식이 곰소의 명물이라는 소문까지 자자한데 그냥 나온다는 것은 그렇지 않은가. 이런 저런 생각을 하면서 젓가락을 들었다. 어느 것부터 맛을 보아야 할지, 망설이면서 한 젓갈 집어 들었다.

진한 바다향이 입안 가득하게 스며든다. 게다가 소금의 짠맛이 더해진 맛이라고 하는 것이 옳을까. 짠맛은 입이 붙을 만큼 강했다. 하지만 잠시 뒤에 느껴지는 젓갈의 곰삭은 맛은 이떤 것으로 표현해야 좋을지. 형용하기 힘든 맛이 나를 사로잡았다. 주인장에게 젓갈의 종류에 대해서 물었지만 일일이 기억할 수 없다. 평소에 접할 수 있는 것 몇 가지만 기억할 뿐이다.

식당에 들어오기까지 느꼈던 상황들은 어디론가 사라졌다. 나도 모르게 내 손은 밥상에 놓인 찬그릇과 입 사이를 열심히 오가고 있었다. 어느새 밥그릇은 비워졌다. 밥도둑이라는 말이 떠올랐다. 이것이야말로 밥도둑이 아니던가. 젓갈이 짜기 때문이기도 할 것이지만 역시 발효식품인 젓갈의 위력을 새삼 느낄 수밖에 없다. 밥 한 그릇을 게눈 감추듯 뚝딱 해치웠다. 더 먹고 싶다는 마음이지만 더 이상은 안 된다는 이성과 충돌이 갈등을 더했다.

곰소를 찾았던 발걸음은 젓갈 맛에 붙들리고 말았다. 볼품이 없어 가까이 하기가 힘들었지만 젓갈백반은 곰소를 기억하지 않으면 안 되게 했다. 언젠가 다시 찾는 날이 있으면 곰소의 젓갈백반을 먹을 것이라는 기약 없는 생각을 하면서 곰소를 뒤로했다.

■ 작품해설

생명의 기표, 실존적 자각과 의식의 관계망 짜기

– 이종전 수필의 생명 시학

한상렬(문학평론가)

■ 작품해설

생명의 기표, 실존적 자각과 의식의 관계망 짜기
– 이종전 수필의 생명 시학

한상렬(문학평론가)

1. 들어가며

세계는 지금 정보화시대로 진입하면서 지구촌의 시 · 공간을 넘나들며 시시각각으로 변화하는 정보를 공유하고 있다. 그리하여 지역적 편차가 정서와 사유의 간극을 보이던 것도 이미 옛날이야기가 되었다. 서울과 부산이 3시간 이내의 거리로 좁혀졌지만, 사건 · 사고는 분초를 다투며 가상공간에서 중인환시衆人環視 가운데 벌어지고 있다. 한마디로 해체와 붕괴의 시대에 우리는 지금 살고 있다. 그래 새로운 사고만이 존재의 패러다임으로 살아남는 시대가 되었다.

이런 시대적 추이 속에서 우리는 지금 글을 쓰고 있다. 도대체 무엇 때문에 글을 쓰는가? 바르트에 의해 '작가의 죽음'이 선포된 것도 이미 오래전 일이다. 하지만 인간 정신의 근본은 분명 인문학에 있다. 하여 글을 쓰는 궁극적 목적은 인간존재에 대한 탐구와 자기

구원일 것이다. 그러므로 사이버 시대라는 문화 충격 속에서도 우리가 살아남을 수 있는, 진정한 정신세계의 추구는 필연이 아닐 수 없다.

과연 예술가란 어떤 사람인가? 아니, 작가란 누구인가? 그들은 결코 인생의 행운아는 아닐 것이다. 그들에게는 아무런 의무 없이 살 수 있는 권리가 있는 것이 아니다. 그들은 때로 자신의 십자가가 될 괴로운 과업을 수행해야 하기도 한다. 그러므로 작가는 자기의 행동이나 감성, 사상 등의 모든 것이 섬세하고도 치밀한 소재를 형성하여 그곳으로부터 자신의 작품을 창조해 낸다는 사실을 기억해야 한다. 어쩌면 그들은 인생에 있어서는 자유롭지 못하나, 예술에 있어서만은 자유를 구가할 수 있다는 점도 아울러 깨달아야 할 것이다.

모름지기 예술이란 공허한 가운데 녹아 없어질 내용들을 맹목적으로 창조하는 것이 아니라, 인간의 심성을 발전시키고 순화시키는 데에 기여해야만 하는 내용들을 창조해야 한다. 곧 예술이란 고유의 형식으로 사물에서 심성에 이르는 말을 주고받는 언어요, 심성은 이런 형식을 통해서만 '나날의 정신적 양식'을 획득하게 된다.

특히 수필문학은 작가 자신의 반영이 기본이다. 뒹대 걸작을 남기겠다는 그런 시엄한 목표 이전에 삶의 흔적을 남기기 위한, 어쩌면 이런 사소한 의미는 우리를 오히려 긴장시킨다. 모든 예술이 그러하듯, 문학작품은 그 작품을 생산한 작가를 반영하기 때문이다. 특히 자기 관조와 성찰의 경향이 짙은 수필문학의 경우에는 '작가=작품'이라는 등식이 성립되게 마련이다.

어떻든 정신적 영역에 속하는 언어예술가인 작가야말로 고결한 사명을 지닌 사람들이다. 오늘날과 같이 물질적 세계관과 불신에 의해 정신적인 것이 마비되어 가는 시대엔 더욱 작가적 소명이 크지 않을 수 없다. 그러므로 어떤 이에게나 주어진 소명이 있듯 작가는 마땅히 그가 짊어진 창작 활동에 게을리하지 않아야 한다. 그 길만이 자신이 택한 길을 성실하게 걸어가는 사람이리라. 이 글에서 말하고자 하는 작가 이종전의 작품 세계는 이런 출발점 행동과 부합하는 이일 것이다.

그렇다면 수필작가 이종전은 왜 쓰는가? 이런 의문의 단초는 그의 수필을 이해하는 데 도움이 될 것이다. 이를 모두冒頭에 포속처럼 깔고, 그의 ≪서 있는 바람≫, ≪철 없는 백로≫에 이어 세 번째로 상재되는 수필집 읽기에 들어가고자 한다. 그의 작품의 진경이 보여주는 세계에의 접근은 작가 이종전의 문학적 희열과 감수성에 젖는 데 주효奏效할 것이다.

이종전의 수필집의 차례를 펼쳐본다. 한 작가의 정신세계가 성城을 쌓듯 서서히 모습을 드러낸다. 그의 수필집에는 삶에 천착한 소박한 담론의 진경이 펼쳐진다. 수필로 짓는 환상의 성, 이상의 성채가 시나브로 드러난다. 전 7부, 44편의 작품이 포진해 있다. 여타의 수필집보다 구성면에서 이렇듯 다양한 면모를 보이는 이유는, 짐작건대 그의 작품의 경향성일 것이다. 이는 수필이 일상에서 제재를 취하고, 삶의 현장에서의 화소를 담론으로 하는 까닭으로 주제상의 몇 개의 코드로 분류가 가능함을 보여주는 대목일 것이다. 그중, 작품에 통괄하고 있는 작가 의식의 흐름과 본질 찾기의 핵심은 바로 실존적 자각이요, 그 의식의 관계망 짜기일 것이다. 특히 이종전의 수필쓰기는 그 포커스가 생명에 대한 외경이라는 시학에 맞춰져 있다는 점이 타 작가와의 차별화일 것이다.

2. 실존적 자각, 그 의식의 관계망 짜기

몽상의 철학자로 알려진 가스통 바슐라르는 마르크 샤갈을 가리켜 "생물들이 풋풋한 나무줄기와 같이 깨어나 성장하고, 인간이 그대로 초인적인 존재였던 저 확고부동한 위대한 시대를, 우리들에게 체험하도록 하는 사람."이라고 하였다. 그렇다. 샤갈의 그림 〈인간의 창조〉는 위대한 상상력으로 인류의 낙원시대를 보여준다. 여기 상상력이란 환상, 즉 새로운 현실을 창조하는 능력을 일컫는다. 그렇기에 예술 작품의 창조와 감상은 상상력을 낳게 하고, 다시 이를 받아들이게 만들어주는 끊임없는 상호 영향 과정의 연속이라 하겠다.

레오나르도 다빈치는 정보를 파악하고 문제를 공식화하며 해결하는 수단으로 그림이나 다이어그램, 그래프를 사용하였다. 그에게 있어서는 그림을 설명하기 위하여 기록이 필요했을 뿐, 기록을 설명하기 위해 그림을 이용하지는 않았다. 결국 레오나르도 다빈치에게 있어 언어란 '발견을 위한 수단이 아니라 발견한 것을 명명하고 묘사하는 수단'이었다.

그런 이유에선가. 니체는 자신의 에세이 ≪진실과 거짓말에 대해≫에서 현실을 언어로 묘사하는 것은, 언어구조 자체의 문제로 인해 불가능하다고 말한 바 있다. 이는 아인슈타인이 어떤 문제를 생각할 때, 수학이나 언어적 맥락에서의 파악보다는 시각적, 공간적 형태에 근거하여 생각했던 것과 일치한다. 그렇기에 창의적인 상상력은 양자역학의 창시자인 막스 플랑크의 언명과 같이 '연역적으로 나오는 것이 아니라, 비정상적인 연관을 맺는 결과'라고 보고 있다. 이런 견해는 러시아 형식주의자들이 주창한 '낯설게 하기'와 같은 맥락에서 파악된다. 우리는 친숙한 사물에 대해선 그다지 주목하지 않는다. 왜냐하면, 예술은 사물의 참모습을 드러냄으로써 망각된 존재를 일깨워주기 때문이다. 그래서 사물을 '낯설게' 할 때에 우리는 그에 주목하게 된다.

여기 한 수필가가 전개하는 담론의 본질에 유의할 필요가 있다. 우리는 누구나 일상적 삶을 살아가고 그 삶의 이야기가 곧장 수필이 된다. 그렇기에 수필은 삶의 이야기 곧 인간학이라 할 수 있다. 분명한 것은 일상을 소재로 하여 수필은 창조된다는 점이며, 일상 속에 숨어 있거나 묻혀 있는 삶의 진실과 본질을 미적으로 관조하여 인식과 깨달음의 언어로 들려준다는 점일 것이다. 이 경우 일상이란 늘 낯익거나 통속적이거나 타성적이어서 감동을 지니기가 그리 쉽지 않다. 다만 동일한 대상과 사물일지라도 이를 작가 자신이 어떤 시선으로 바라보며, 어떻게 새롭게 직조하느냐에, 작품의 성패가 달려 있을 것이다.

무엇보다 수필문학은 자기 관조와 성찰에서 출발한다. 그러므로 수필은 자잘한 일상에 포커스를 맞춰 객관적 사실을 자기화하면서 의미화를 지향하게 된다. 이런 언술은 수필이 자신을 벗어날 수 없는 한계를 태생적으로 지니고 있으며, 작품을 통해 작가의 얼굴과 만나게 된다는 데 있다.

이종전의 수필적 담론은 일단 독자를 긴장하게 하며, 그 배면背面에 숨어 있는 그림을 찾게 한다. 한 작가의 실존적 자각은 일종의 관계 맺기로 의식의 관계망을 짜고 있다.

화자가 태산泰山에서 만난 '동고비'는 그저 미물이 아니다. 바람 한 점 없이 눈 내리는 적막한 태산에서, 그가 만난 동고비는 화자에게 무언가 말을 하고 있는 게 분명했다. 하지만 녀석의 말을 알아듣지 못하는 안타까운 속내가 깔려 있다. "애절하게 응시하고 있는 녀석의 눈망울은 내 눈과 마음을 사로잡아 그곳에 머물게 했다."는 언술은 대상과의 교감이요, 생명의식이자, 경외감마저 일게 한다. 녀석이 화자의 손바닥에 날아와 귤껍질 조각을 입에 문 채 다시 갸웃거린다. 대화는 한동안 계속된다. 이는 산행 중에 만난 동고비와의 조우의 장면이자, 이종전 수필을 관류하는 생명의식일 것이다. 미물에게서조차 바이오필라 즉 생명애를 감지하는 작가정신의 단초이다. 베이컨의 언명과 같이 "사람은 무엇을 해야 하는가의 문제가 더욱 중요하다."라고 하였듯, 작가 이종전의 시선은 사물의 응시를 통해 생명의 기표와 소통疏通에 머물러 있다.

> 잠시 살아온 세월을 돌아본다. 지금까지 얼마나 많은 도움을 받으며 살아왔던가. 어머니의 태胎로부터 시작해서 세상에 나와서 성장하는 과정에서, 그리고 지금의 자신이 되기까지 스스로 할 수 있었던 것은 거의 없었지 않은가.
>
> 기대 어린 눈동자, 간절한 표정, 그러면서도 두려움 때문에 다가오지 못한 채 주뼛거리기만 하는 녀석. 허기를 채워야 하는 녀석의 모습을 보면서 준비되지 못한 자신이 못내 미안한 마음이다. 도움을 받으면서도 그마저 자신이 능력이라고 생각하는 어리석은 모습인 것을.

동고비가 내게 실망한 표정에 마음이 저려온다. 아니 뭐라고 변명할 여지도 없이 녀석 앞에 말없이 서 있을 수밖에 없는 자신을 본다.

지금까지 도움을 받아 오늘의 나일 수 있었건만, 정작 내게 도움을 청하는 미물에게조차 나눌 수 있는 아무런 준비를 하지 못한 것이 자신이 아니던가. 여전히 자기 앞가림도 못하고 있는 것이 지금 산을 오르고 있는 자신이니 태산에 깃들어 살고 있는 동고비가 나를 깨우치고 있는 것 아닐까.

– 〈태산에서 만난 동고비〉에서

태산 앞에 선 자신의 모습을 자각하며, 비록 미물일망정 생명애를 감지하는 화자의 진실 찾기는 다름 아닌 실존적 자각일 것이다. 이런 생명 통신과도 같은 바이오필리아는 이종전 수필의 핵을 이루면서 수필집 전체를 관류하고 있다.

레이첼 카슨이 ≪잃어버린 숲≫에서 갈파했듯, 생태학적 자각은 이미 이 시대의 핵심코드가 되고 있다. 기후 변화와 생존의 문제는 재앙과도 같은 현상을 지구촌 곳곳에서 목도하게 한다. 그런데, "태산 앞에 선 자신의 모습은 작기만 하다. 세월이 지날수록 더 작게만 느껴지는 것은 왜일까. 동고비 한 마리 거둘 수 없는 것이 자신이거늘 태산을 오른다고 거들먹거림이랴. 전나무에 기댄 채 하늘을 우러른 자신의 모습은 한없이 작기만 한 것을."이란 결미의 독백이 자조적이기보다는 현실 인식의 실존적 자각으로 파악된다.

이런 작가의식의 의미망 짜기는 그의 수필 도처에서 나타난다. 수필 〈설산 투쟁雪山鬪爭〉 역시 같은 맥락에 놓여 있다. 이는 문학을 통한 자기 탐색이자, 존재인식에의 작가적 혜안일 것이다. 롤랑 바르트의 "스스로 문학이라고 가르치는 것이 문학일 따름이다."라는 예

지적 언사가 보여주듯, 이종전의 수필은 정서의 사상화를 통해 읽기의 즐거움과 함께 존재인식의 깨달음을 독자에게 보여주고 있다. 일련의 이런 경향성은 〈그날이 오면〉의 반딧불이, 〈쇠코뚜레〉의 소, 〈금강의 가을은 황홀하다〉의 가창오리, 〈그 소리가 듣고 싶다〉의 개구리, 〈저어새 길을 잃다〉의 노랑부리저어새로 그 맥락이 이어진다. 작가의 생명의식, 생명공경의 작가정신의 발현일 것이다.

> 이른 계절에 피는 꽃들은 작지만 더 아름답다. 화사한 봄날의 꽃들과는 다르다. 녀석들은 보이지 않는 곳에 오롯이 자리한 채 찬바람을 맞으며 외롭게 꽃을 피운다. 대부분 다년생 초본식물들로서 키가 작다. 때문에 일부러 찾아가는 사람들만이 볼 수 있는 기회를 허락받는다. 결코 지나는 길에서 쉽게 볼 수 없다. 녀석들을 보기 위해서는 수고로운 발걸음이 있어야 한다. 찬바람을 마다하지 않고 찾아가는 사람들만 볼 수 있다. 해서 녀석들은 더 고고한 모습을 하고 있는 것인지 모른다.
>
> – 〈국사봉의 산자고山慈姑〉에서

"대지가 아직 동면에서 깨어나지 않았고, 모두가 추위에 움츠리고 있건만, 녀석들은 동토凍土를 비집고 나와 이른 봄소식을 전하고 있었다."라고 하였다. 화자와 산자고의 만남은 이렇게 우연이다. "아무도 보아주는 이 없건만 오롯이 자리하고 있는 산자고. 그 한 촉을 발견하고 잠시 감격에 멈칫거려야만 했다. 다시 주변의 낙엽을 헤치니 전해들은 대로 그곳은 산자고의 군락지였다. 보이지 않기에 저벅거리고 오갔던 곳이 모두 녀석들이 서식하는 곳이었다." 라는 발견의 기쁨은, 바로 생태적 상상력에 포커스를 맞춘 작가 이종전의 성 쌓기일 것이다. '빨레 이데알', '이상의 성'이자 '환상의 성'은 돌로만 짓는 게 아니다. 작가는 동토에서 하나의 생명을 발견하고 생명의 외경에 감탄한다. 그저 지나칠 일상임에도 작가의 촉수觸手는 오직 '생명'이란 문제에 천착하고 있다. 촘스키가 "언어는 사고를 지배한다."고 했듯, 작가의 언어는 외경한 생명에 시선을 정박하고 사물을 응시한다. 여기 그가 착목하는 대상들은 자신의 심적 외상인 트라우마를 치유하기 위한 대리자가 아니다. 삶의 인고 속에서도 셸 실버스타인의 〈아낌 없이 주는 나무〉와 같이 대상에 대한 생명애에 기반하고 있다. 그렇기에 그의 대상들은 이 수필집에서 모두가 '녀석'이란 호칭으로 일관된다.

소재에 대한 애정과 진실은 작가로 하여금 맑은 영혼의 소유를 주문한다. 여울 속의 돌도 함부로 움직이면 물 흐름의 속도와 소리가 달라지듯, 작가 정신의 영혼은 작품의 생산에 지대한 영향을 미치게 마련이다. 생명의 기표는 바로 여기서 소통의 문제를 낳는다. 황조롱이와 원앙이의 '위험한 동거'는 일촉즉발의 긴장감을 갖게 한다. 먹고 먹히는 먹이사슬과 약자와 강자와의 처절한 대비적 존재 방식의 생명에 대한 외경감을 불러일으킨다.

> 황조롱이가 선전포고도 없이 원앙이의 둥지에 들이닥친다. 원앙이는 필사적으로 덤비며 위기를 겨우 모면한다. 필사적으로 둥지를 탈출한 원앙이는 수면 가까운 교각 밑동에 떨어지듯 가까스로 내려 앉아 놀란 가슴을 쓸어내린다. 그 순간에도 원앙이는 교각 위에 있는 둥지에서 눈을 떼지 못하고 있다. 폭군 황조롱이는 원앙이의 둥지와

원앙이를 번갈아 보면서 반드시 잡겠다는 의지를 확인하고 있다.

잠시 후, 황조롱이가 자리를 뜨자 원앙이는 혼신을 다해 날아올라 교각 위에 있는 둥지로 다시 찾아든다. 허겁지겁 부리로 알들을 살핀다. 뽑아놓은 가슴깃털을 모아 알 주변을 감싼다. 그러면서도 언제 들이닥칠지 모르는 황조롱이를 경계하는 눈길은 긴장을 늦추지 않는다. 시도 때도 없이 들이닥치는 폭군 때문에 마음 놓고 포란을 할 수 없으니 원앙이의 작은 눈엔 걱정이 가득하다.

– 〈위험한 동거〉에서

"새로운 생명을 탄생시키고, 그 생명을 지키기 위해서 헌신하는 어미의 모습은 거룩한 것이었다."라는 화자의 언술의 배면에는, 작가 자신의 바이오필리아가 숨어 있다. 이는 어쩌면 생명을 지닌 자연의 원천인 고향에 대한 비애일지도 모른다. 그래 디아스포라 즉 현대인이 잊고 있거나 잃어버린 실향인의 고향 찾기가 될 것이다. 그러므로 이종전 수필의 근원은 생명에 대한 구원의 문제에 착목하게 한다. "상대적 약자로서 누구의 도움도 없이 새끼를 부화시켜서 이소하는 어미의 모습은 황조롱이를 조소하기에 충분했다. 폭군 앞에서 당당했던 어미는 이제 네 마리의 새끼를 등에 업고, 그동안의 고통과 아픔을 뒤로한 채 새끼를 기를 수 있는 물가로 향하고 있다. 어떤 드라마가 이런 감동을 줄 수 있을까."라는 결미의 한 대목이 오래도록 가슴에 와 닿는다.

화자가 마이센의 아침에 조우한 토끼들. 저들을 바라보는 화자의 마음이 심상치 않다. 그들은 소유와 경쟁이 지배하는 시대에 화자로 하여금 생명에 대한 경외감을 갖게 한다. 작은 것에의 행복. 이런 존재인식은 작가 자신의 마음의 행로요, 그만의 성 쌓기일 것이다. 하여 그가 마이센에서 맞이한 아침은 더욱 풍성하다. 아니, 평화롭고 여유롭다.

> 모든 것이 더불어 살 수 있도록 지음을 받았건만 인간이 자신의 욕구를 채우기 위한 대상으로만 생각한다면 저들도 결코 인간의 주변에서 여유롭지 못할 것이다. 녀석들의 한가로움에 지금까지 달려온 자신의 모습을 돌아본다. 무엇을 위해서 달리기만 했는지. 달리면서 과연 주변을 돌아보기는 했는지. 아니 돌아봐야 한다는 생각조차 하지 못한 채 자신의 욕구를 채우기 위해서 달리기만 한 것은 아닌지.
>
> 작은 생명들과 함께 하는 마이센 사람들. 소유와 경쟁이 지배하고 있는 현실에서 끊임없이 본능적인 욕구에 사로잡혀 채우기만 하려 한다면 결코 만들어질 수 없는 정경이기에 그들이 부럽다. 걷는 사람도, 자전거를 타고 지나는 사람도 모두 여유롭다. 모두가 이웃이기에 그들은 지나는 길에서 만나는 토끼를 향해 아침 인사를 한다.
>
> — 〈마이센의 아침〉에서

이종전 수필의 이런 발상의 근저에는 자기 고백과 자아성찰이라는 수필문학의 고백적 성격과 일견 맥락을 같이한다. 하기에 그의 수필의 생명의 기표는 대상의 통찰을 통한 존재의 해석에 닿아 있다.

수필 〈무늬만 수박이야!〉의 결미가 보여주는 설득력은 그의 수필의 또 다른 진정성이라 하겠다. “혹여, 자신의 모습이 무늬만 수박인 것처럼 허우대만 그럴듯한 것 아닌지. 하루 종일 골라서 팔고 남은 한 통의 수박, 그것을 차지했다는 순간의 기쁨을 느꼈던 자신에게 '너도 무늬만 그럴 듯한 놈이 아니냐?'고 묻고 싶어지는 것은 왜 일까."

수필문학의 생명은 무엇보다도 해석을 통한 의미화에 있다. 그리하여 수필작가 이종전이 추구하는 삶의 의미에의 찾아가기는 이제 한 꺼풀 안개를 걷고 희망이란 판도라를 향해 나아간다. 그 길에 수필 〈솜나물〉이 있다. 화자에게는 조금 낯선 이름이다. 잎과 줄기에 뽀송한 솜털을 예쁘게 치장하고 있다. 녀석이 숲 사이 햇살을 받아 매혹적인 자태를 뽐내고 있다. 그와의 만남 역시 우연이다. 화자는 예의 경우와 같이 그를 '녀석'이라 지칭하고 있다. 생명애의 대명사일 것이다. 그에게는 동물이든 식물이든 생명이 있는 존재면 모두가 '녀석'이다.

> 숲 사이로 내리는 봄 햇살에 녀석이 매혹적인 자태를 뽐내고 있다. 어쩌다 녀석을 발견한 한 길손은 발걸음을 멈춘 채 그 아름다움에 매료되어 미동도 못하고 있다. 햇살에 청순한 자태를 드러내고 있는 것을 보는 순간 녀석으로부터 눈을 뗄 수가 없었던 게다. 비록 몸집은 작지만 청순하고 풋풋한 자태는 봄날의 요정이다. 녀석을 발견한 사람은 설렘으로 시간을 보낸다. 그 아름다움을 발견한 길손은 발걸음을 기어이 멈추고야 만다.
>
> — 〈솜나물〉에서

생명에 대한 작가의 관심과는 달리 대부분의 사람들은 그런 것엔 별반 관심이 없다. "곁눈조차 주지 않고 무엇 때문인지 부지런히 앞을 향해 걷기만 한다. 시간을 내어 봄을 맞으려 예까지 나왔으련만 주변을 돌아볼 여유가 없어 보인다. 쉼마저 누리지 못한 채 경쟁이나 하듯 앞으로 내닫기만 한다." 그렇다. 이게 일상의 모습이 아닌가. 화자만이 생명에의 외경심을 일으킨다. 화자는 그가 만난 생명과 소통한다. 여기 이종전 수필의 생명 외경의 시학이 존립한다. 만물이 신비스런 생명의 변주變奏로 이행하는 사계四季에 화자의 시선을 잡아끄는 만상은 그가 믿는 하나님이요, 목자일 것이다.

이런 발상은 어쩌면 현대인의 질주疾走에의 제어요, 삶의 진정성 찾기와 무관하지 않다.

지금 세계는 대전환의 한가운데에 놓여 있다. 과거의 것은 죽어 가는데 새로운 것은 아직 나타나지 않는 시대인식이 전환기의 불투명성을 관류하고 다양한 지적 담론들이 경이로운 사상의 풍경을 이루고 있다. 그래 너남 없이 무한 질주를 겨냥하고, 그 변화의 속도를 가속화해 가고 있다. 디지털시대의 무한 경쟁일 것이다.

제5부의 〈대장간의 추억〉, 〈모루〉, 〈그리운 소리〉, 〈그때가 좋았어!〉, 〈마투리 유감〉 등 일련의 수필들은 회감의 정서를 그린 수필들이다. 수필문학이 일인칭의 자아성찰임을 잘 보여준다. 누구에게나 지나간 추억은 아름답다. 그것이 아무리 고통스런 시간이었더라도 지나고 나면 모두 아름답게 채색되기 십상이다. 수필 〈모루〉에서와 같이 단련 속에서 창조되는 '수고'의 아름다움에 화자는 초점을 맞추고 있다.

> 세상에는 자신을 드러내지 않으면서도 남들이 하기 어려워하는 것을 열심히 감당하는 사람들이 적지만 있다. 꼭 있어야 하는 곳에서

누구도 기억해주지 않더라도 그 자리를 지키고 있는 이들이 있다. 하지만 그들에 대한 사람들의 관심은 적다. 아니, 어떤 사람들이 그런 일을 한다는 것조차 알지 못한다.

비록 아무도 수고한다는 말 한마디 하지 않아도 말없이 감당할 수 있는 자아에 대한 확신이 있다면 진정 멋진 사람이 아닐까. 모루처럼 말이다.

— 〈모루〉에서

화자의 목소리는 하나도 낯설 것 없는 그저 보통 삶의 진리에 불과하건만, 그 행간에 담긴 의미가 설득력 있게 울려온다. 수필문학은 이렇게 자잘한 일상을 통해 깨달음을 얻게 하는 미적 요소를 지닐 때 비로소 값어치가 빛날 일이겠다. 희망의 본질을 찾아가는 화자의 삶의 진정성과 애정이 그의 수필을 더욱 값지게 한다고 하겠다.

한 그루의 나무가 자라기 위해서는 그 자체의 생명력이 강해야 한다. 태양과 바람과 비와 토양은 필수적인 조건이고, 그밖에 병충의 침범을 비롯한 자연의 악의를 이겨내야 하고, 사람의 도끼[斧]를 피하는 요령도 곁들여야 한다.

인간에 이르면 더할 나위 없다. 인간이 형성되어 가는 과정은 나무의 경우가 아니다. 의지와 우연과의 기묘한 착종. 그 생물적인 의미에 있어서나 정신적인 드라마에 있어서도 신비의 집적과 연속이라고 할밖에 없다. 그러나 그 신비란 것은 한 발의 총탄, 아니 미시적인 박테리아에 의해서도 간단하게 파괴되는 허망이기도 하다.

수필 〈겨울로 가는 아침〉에는 화자의 인간적 내면 갈등을 그리고 있다. 겨울로 가는 아침에 화자의 '아침 맞이'는 생명의 기표를 뛰어넘어 실존적 자각이란 의미망에 걸려 있다. 발단의 동인이 명확하지는 않지만, 이 수필의 모티브는

> 뒤척거리기를 얼마나 했을까. 겨우 잠이 들었는가 싶더니, 이내 비몽사몽간에 생각이 이어진다. 혼잣말을 중얼거린다. '그래, 다 잊자. 그냥 떨쳐버리자. 그런 놈도 있고 저런 놈도 있는 것이지. 왜 이리도 아픔을 느껴야 하는가. 당사자는 아무렇지도 않은데……. 내일을 위해 자야 한다. 자자!' 하지만 점점 침대가 무거워 견딜 수 없다.
>
> 더 이상 누워있을 수 없어 결국 일어나 책상에 앉았다. 답이 없는 질문은 아픔을 더할 뿐이다. 그러면서도 다시 묻는다. 무엇 때문에 이렇게 힘들어해야 하는지? 잠을 이루지 못한 채 뜬눈으로 하얀 밤을 새워야 하는지?
>
> — 〈겨울로 가는 아침〉에서

에 있다. 무엇이 그로 하여금 이런 내적 갈등에 시달리게 하였을까. 이 수필의 전개는 갈등과 그 해소의 과정을 서술하고 있다. 고백적 성격이 짙은 이 수필은 행간 읽기를 통해 화자의 심리적 추이와 함께 '나'라는 실존의 자각을 구체적으로 보여준다.

"뜬눈으로 밤을 보내고도 그럴 수 있는가 하는 생각에 분을 삭이기가 어렵다." → "짐승들의 생존 원리는 단순하다." = "하지만 동물에 비교하기엔 자존심이 상한다." → "얼마나 지났을까. 질문은 다시 질문을 잇고 있다." → "창밖엔 점잖게 차려입은 사람들이 종종걸음으로 출근길을 재촉하고 있다." = "하지만 정당하게 일하고

그 대가로 사는 것이야 옳은 것 아닌가."→ "그러나 세상엔 땀을 흘리지 않고 자신의 몫을 차지하려는 사람들이 꽤나 있는 것 같다."

이런 의식의 전개는 존재 파악이라는 인간의 문제에 닿아 있다. 파스칼은 인간을 무한대와 무한소의 중간자, 신과 악마의 중간자라고 했지만, 이를 허망과 진실과의 중간자란 뜻으로 풀이할 수가 있다. 구구한 설명을 늘어놓을 것도 없이 노발리스의 말 그대로 "인간이 된다는 것, 그것이 예술이다."라고 할 수 있다.

3. 나가며

독자들에게 감동을 주는 훌륭한 작품 속에는 그 작품을 창조해 낸 저자의 남다른 의식이 담겨 있다. 그리하여 오래도록 독자에게 사랑을 받는 명작 속에는 적어도 그 저자의 생애가 농축되어 독자를 흡인함으로써 감동과 정서적 미감에 함몰하게 하는가 하면, 적당한 거리를 두고 저자의 삶을 지각하게 하는 각성과 삶의 길을 제시하기도 한다. 때문에 예술 작품은 정서적 미감과 교훈이라는 두 개의 축을 적절히 교합함으로써 그 목적을 달성할 수 있다. 삶과 존재의 문제를 다루는 수필문학에서는 더욱 그러하다.

이런 연유로 한 수필가가 직조해 내는 15매의 짧은 양식에서 우리는 특별할 것 없는 그저 평범한 일상에서도 진지한 삶의 문제를 탐색하게 되고, 문득 꿈에서 깨어나듯 경이로운 모멘트를 통해 삶의 진실에 눈뜨게 한다.

수필작가 이종전의 수필을 통괄하는 창작적 기법은 그다지 새로울 것이 없다. 변화에 편승한 패러다임도, 실험적 기법도 찾기 어렵다. 그의 수필 쓰기는 전통적 문법에 충실하고 있다. 그저 평범하고 잔잔한 문체에 일견 유약해 보이는 듯한 작가적 톤이 소박하기 이를 데 없다. 그러함에도 왜 그의 수필이 읽히게 하는가?

그 매력은 그렇다. 바로 작가의 진정성에 있을지도 모른다. 삶을 바라보는 작가의 심중에 문득 일렁이는 격랑은 때로는 파문을 일으키기도 하지만, 대개는 잔잔한 파도가 되어 독자를 감동시킨다. 모래톱에 부서지는 잔잔한 일렁임이다. 하지만 이는 작자의 고뇌와 내적 결단을 동반하는 해조음이다. 수필작가 이종전이 창조해내는 수필의 매력은 여기에 있을 것이다.

그의 의식 세계의 편린, 작가의 삶에 대한 진정성를 엿보게 하는 의식의 전초에는 생명의 기표, 실존적 자각과 의식의 관계망 짜기를 보여준다. 한 마디로 생명 외경의 시학이 이종전 수필의 세계일 것이다. 그가 구축한 또 하나의 성채城砦에 박수를 보낸다.

이종전 수필집

위험한 동거

인　쇄 / 2013년 10월 25일
발　행 / 2013년 10월 30일

저　자 / 이 종 전
발행인 / 서 정 환
발행처 / 수필과비평사

출판등록 / 1984년 8월 17일 제28호
주　소 / 서울시 종로구 삼일대로 32길 36
(익선동 30-6 운현신화타워 빌딩) 301호
전　화 / (02) 3675-5633, (063) 275-4000 · 0484
팩　스 / (063) 274-3131
E-mail / sina321@hanmail.net
essay321@hanmail.net

값 13,000원

ISBN 979-11-5605-017-9 03810

이 도서의 국립중앙도서관 출판시도서목록(CIP)은 서지정보유통지원시스템 홈페이지(http://seoji.nl.go.kr)와 국가자료공동목록시스템(http://www.nl.go.kr/kolisnet)에서 이용하실 수 있습니다.(CIP제어번호: CIP2013021874)

※ 이 책은 제작비 일부를 인천광역시 남동구의 문화예술진흥기금을 받아 출간하였습니다.